Kurt Wustl

Rund um München
Loipen und Skiwanderungen

Skilanglauf mit dem
Münchner Verkehrs- und Tarifverbund

Fink-Kümmerly+Frey

»Wanderbücher für jede Jahreszeit«
Eine Wanderbuch-Reihe für die Ski-Wandergebiete

Umschlagfoto: In der Loipe bei Grafing

Fotonachweis: Alle verwendeten Aufnahmen stammen vom Autor

Kartenskizzen: Bernd Matthes, Stuttgart

ISBN 3-7718-0470-1

© 1983 J. Fink-Kümmerly+Frey Verlag GmbH, 7302 Ostfildern 4 (Kemnat)
Alle Rechte, auch die der photomechanischen Wiedergabe
und der Übersetzung, vorbehalten
Konzeption und Redaktion: WERKSTATT BUCH Dr. Udo Moll, 7636 Ringsheim
Layout-Konzeption: R.O.S., 7000 Stuttgart 80
Satz und Druck: J. Fink, 7302 Ostfildern 4 (Kemnat)
Printed in West-Germany

Inhaltsverzeichnis

	Seite
Vorwort und Grußwort des MVV	5
Übersichtskarte	6
Tips für den Gebrauch des Führers	8
Münchner Verkehrs- und Tarifverbund (MVV)	13
Ski, Bindung und Schuh	15
Register	134

Leichte Skiwanderungen

1	Rund um den Regattasee	17
2	Ruhe im Allacher Forst	18
3	Bei Nacht um den Fasaneriesee	19
4	Durch den nördlichen Teil des Englischen Gartens	20
5	Skiwandern bei Nacht im Ostpark	23
6	Im Truderinger Wald	24
7	Im Perlacher Forst	25
8	Stadtloipe in den Isarauen Süd	26
9	Vom Wetter unabhängig: Loipe Golfplatz Thalkirchen	27
10	Erholung im Forstenrieder Park	28
11	Im Südpark bei Flutlicht bis 22 Uhr	29
12	Stadtloipe Lochamer Schlag	30
13	Im Pasinger Park	31
14	Die westlichste Stadtloipe: Aubinger Lohe	32
15	Loipe mit Blick auf das Schloß Nymphenburg	33
20	Zum Neufahrner Berg bei Poing	46
25	Helfendorfer Loipe	56
26	Loipe Kreuzstraße	58
28	Holzkirchen bietet viele Möglichkeiten	66
29	Holzkirchen – Kleinhartpenning	68
30	Rundwanderloipen bei Großhartpenning	70
32	Zwei weitere Wanderungen bei Bad Tölz	74
33	Die kleine Runde bei Dietramszell	76
35	Schallkofen – Moosham – Thanning – Egling	84
36	Hohenschäftlarn – Neufahrn	86
37	Loipe bei Geretsried	88
39	Stockdorf – Forsthaus Kasten	92
40	Skiwandern im Kreuzlinger Forst	94
41	Rund um Buchendorf	96
42	In der Umgebung des Gestüts Leutstetten	98
43	Von Mühltal nach Buchendorf	104
45	Auf dem Golfplatz bei Feldafing	108
46	Loipe bei Tutzing	110
47	Von Bernried nach Seeshaupt und zurück	112
48	Drei kleine Loipen im Westen von Bernried	114
49	Von Benediktbeuren nach Bichl	116
51	Türkenfeld – Grafrath	122
52	Nach Grafrath – nördlich der Bahnlinie	124

		Seite
53	Türkenfeld – Brandenberg und zurück	126
54	Zum Kloster St. Ottilien	128
55	Rundwanderloipe Dachau	130
56	Von Röhrmoos zum Kloster Indersdorf	132

Mittelschwere Skiwanderungen

16	Von Neufahrn durch das Freisinger Moos	34
17	Von Neufahrn nach Pulling	36
18	Im Freisinger Forst	38
19	Das Erdinger Hinterland	44
21	Im Altsiedelland bei Grafing	48
22	Skiwanderrundkurs bei Glonn	50
23	Loipe bei Moosach	52
24	Rundwanderloipe Aying	54
27	Im romantischen Gleissental	64
31	Durch das Ellbach-Moor nach Kloster Reutberg	72
34	Von Dietramszell nach Schallkofen	78
38	Ickinger Loipe	90
44	Hoch über dem Starnberger See	106

Schwere Skiwanderung

50	Die Pfisterberg-Loipe	118

Vorwort

Die Arbeit an diesem Führer für Loipenfans und Skiwanderer bedeutete einerseits, vieles schon zu kennen von dem Vorgestellten, vieles dazu kennen lernen, und zu guter Letzt die Einsicht zu gewinnen, daß man noch sehr viel mehr kennenlernen möchte. Und dies in einem Kreis von etwa 70 km Durchmesser, in dessen Mitte die Landeshauptstadt München als Zentrum und Ausgangsort des Münchner Tarif- und Verkehrsverbundes sich befindet.

Dieses Erarbeiten der vielen Loipen und stillen Wanderrouten im Umland von München bedeutet natürlich auch, den MVV zu prüfen, um so die eigenen Erfahrungen an den Benutzer des Führers - bis zu einem gewissen Grad, den der individuellen Erfahrung - guten Gewissens weitergeben zu können.

Zu kurz kommt mit diesem Führer über Loipen und Skiwanderrouten - gewiß auch solche, die man noch nicht kennt - auch der Autofahrer nicht, der nicht den MVV benützen möchte.

Kurt Wustl

Grußwort des MVV

Nicht nur die Großstadtbürger schätzen die S-Bahn schon lange als bequemes und preiswertes Freizeitverkehrsmittel. Das MVV-System, in das zahlreiche regionale Omnibuslinien einbezogen sind, erschließt einen Verkehrsraum von ca. 5000 qkm mit vielfältigen Möglichkeiten der Freizeitgestaltung. Bereits einige tausend Wanderer benutzen das MVV-Angebot.

Mit diesem nun vorliegenden Buch wird die Palette des Freizeitangebots wesentlich erweitert. Für die Anhänger des weißen Sports werden Anregungen gegeben, die reizvolle Münchner Region auf Langlaufbrettern zu erforschen.

Die 56 hier beschriebenen Loipen und Ski-Wanderwege bieten sowohl Anfängern als auch Fortgeschrittenen eine Fülle von Anregungen für diesen mittlerweile sehr populären Freizeitsport. Die Verkehrsmittel des MVV bringen Sie hin und erholt wieder zurück - ohne Stau und Streß und ohne Parkplatzsorgen.

Steigen Sie ein - beim MVV.

Erich Steinhögel, Geschäftsführer des MVV

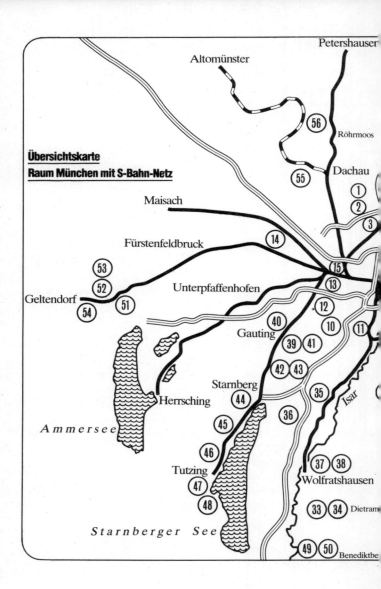

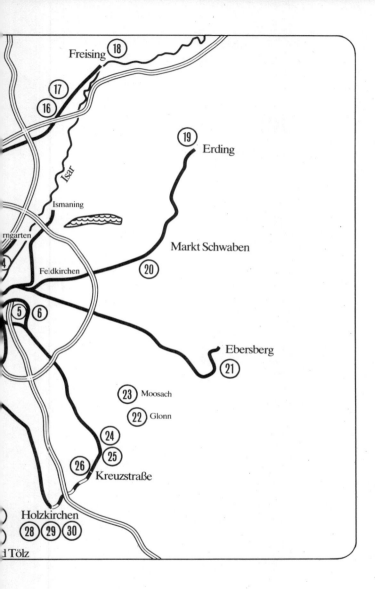

Tips für den Gebrauch des Führers

Übersichtliche Streckenskizzen zu jeder Wanderung machen eine Karte überflüssig

Bemerkung: Je nach Schneelage können sich die Streckenführungen von Loipen geringfügig verändern

Foto Seite 9:
Im Forstenrieder Park

Karten Seite 10–12:
Kümmerly+Frey, Deutsche Reisekarte 1:250 000. Südliche Anschlußblätter siehe Seite 40–42

Bei den zahlreichen maschinell angelegten und gepflegten Loipen bedarf es im allgemeinen keiner ausführlichen Orientierungshilfe. Wer jedoch Skiwanderungen abseits der Loipen unternehmen möchte, wird zu einer Karte greifen. In diesem Führer gehört deshalb zu jeder Wanderung eine Streckenskizze.

Umkleide- oder gar Duschmöglichkeiten bieten sich meist keine an. Es sei denn, man benützt eines der nicht gerade zahlreichen Hallenbäder in der Stadt oder Region. Im Text wird auf sie hingewiesen. Außerdem lassen sie sich auch dem MVV-Winterfahrplan entnehmen. Wer sich vor der Abfahrt über den Zustand der Loipe informieren möchte, kann seine Auskunft verschiedentlich telefonisch einholen. Wo dies möglich ist, wird im Text darauf hingewiesen. Was den Verlauf der Routen angeht, so muß darauf hingewiesen werden, daß die Tour je nach Schneelage variieren kann. Deshalb kann hier auch keine Gewähr für die Streckenführung gegeben werden.

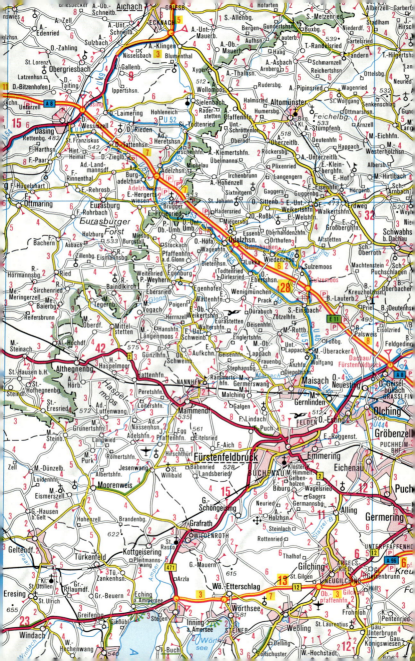

Münchner Verkehrs- und Tarifverbund (MVV)

Der Münchner Verkehrs- und Tarifverbund erweist sich für den Skiwanderer als eine hervorragende Möglichkeit, den jeweiligen Ausgangspunkt zu erreichen: innerhalb der Stadt alle 15 städtischen Loipen; außerhalb der Stadtgrenze umfaßt der MVV-Bereich die Region zwischen den S-Bahnlinien bzw. Endpunkten Geltendorf - Ebersberg, Petershausen - Holzkirchen, Tutzing - Erding, Herrsching - Ostbahnhof, Wolfratshausen - Ostbahnhof, Freising - Kreuzstraße, Maisach - Ismaning.

Für den Wanderer bietet der MVV das 24-Stunden-Ticket, das sich besonders dann lohnt, wenn man an einem Tag mehrere kleine Loipen besuchen will. Wichtig ist zu wissen, daß auch Streckenabschnitte der Bundesbahn, die zwischen den MVV-Strecken eine Verbindung schaffen, zum Verbund gehören. Hinzu kommen 6 teilintegrierte Buslinien, der Regionalverkehr Oberbayern GmbH, sowie einige private Verkehrsunternehmen. An jedem Bahnhof oder Haltepunkt und in den Verkehrsmitteln befinden sich Informationstafeln.

Der öffentliche Nahverkehr in und um München bringt den Skiwanderer an fast jede gewünschte Loipe

Verzeichnis der im Führer vorkommenden S-Bahnstationen und der Tarife vom Ausgangspunkt Marienplatz München. Die Stadtloipen liegen, mit Ausnahme von Oberschleißheim, im Stadtbereich von 2 Streifen.

Linie	Streifen für Erwachsene	Kind
Altenerding S 6	6	2
Aubing S 4	2	1
Aying S 1	4	1
Breitenau über Dachau S 2 u. DB	4	1
Dachau S 2	3	1
Deisenhofen S 2	3	1
Ebersberg S 4	6	2
Ebenhausen/Schäftlarn S 7	4	1
Erding S 6	6	2
Esterhofen/Pasenbach S 2	6	2
Feldafing S 6	6	2
Freising S 1	6	2
Fürstenfeldbruck S 4	4	1
Gauting/Buchendorf S 6	3	1
Geltendorf S 4	6	2
Grafing/Stadt S 4	5	2
Grafrath S 4	5	2
Großhelfendorf S 1	5	2
Grub S 6	3	1
Hohenschäftlarn S 7	3	1
Holzkirchen S 2	5	2
Icking S 7	4	1
Indersdorf über Dachau S 2 u. DB	5	2
Kreuzstraße S 1	5	2
Moosach S 1	2	1
Mühltal S 6	4	1
Neufahrn bei Freising S 1	5	2
Oberschleißheim S 1	3	1
Planegg S 6	2	1
Poing S 6	3	1
Pulling S 1	6	2
Röhrmoos S 2	5	2
Starnberg/Söcking S 6	4	1
Stockdorf S 6	3	1
Türkenfeld S 4	6	2
Tutzing S 6	6	2
Wolfratshausen S7	5	2

Das 24-Stunden-Ticket für den Innenbereich des MVV kostet 6.– DM, das für den gesamten Außenraum 10.– DM.
Bei der Planung einer Wanderung ist überlegenswert, ob Streifenkarte oder 24-Stunden-Ticket besser ist. Beim Erarbeiten des Führers erwies sich das 24-Stunden-Ticket als ausgezeichnete Möglichkeit, zwei oder sogar drei Skiwanderungen durchzuführen.

Ski, Bindung und Schuh

Betrachten wir kurz das Gerät, das uns eine Skiwanderung erst möglich macht, den Ski ...

Das heißt eigentlich, aus einer Vielzahl verschiedener Modelle den einzig richtigen Ski herauszufinden. Die heutige Skiindustrie hat Modelle entwickelt, die sogar sehr weit die individuellen Wünsche erfüllen, es im Grunde leicht machen, sich zu entscheiden, ob man einen Nowax-Ski benützen will – hier reicht die Skala vom Micro-Schuppen- bis zum Waben- oder Kronenschliff-Schuppenski. Auch der Fellstreifenski bietet sich an.

Der Skiwanderer wird eher zu einem etwas breiteren, dem genußvollen Wandern entsprechenden Ski greifen, der unproblematisch Loipe wie freies, ungespurtes Gelände bewältigen läßt. Der Idealski für den Wanderer auf Skiern wird der Steighilfe-Ski sein.

Es sollte allerdings eines klargestellt sein: Bei Pulverschnee gibt es nichts und gar nichts, was mehr Laufvergnügen zu bereiten vermag, als ein den Schnee- und

Richtige Ausrüstung: Um die Qual der Wahl zu erleichtern, geben wir Ihnen hier einige Tips, die Sie beim Kauf einer Langlauf-Ausrüstung unbedingt beachten sollten

Temperaturverhältnissen entsprechend präparierter Wachsski.

Die Verbindung zwischen Ski und Schuh, in dem der Skiläufer steckt, stellt eine einfache Bindung her. Im Grunde ist die Funktion bei allen Bindungen gleich. Ob es nun 28er, 50er oder 75er Bindungen sind: Der Fuß im Schuh soll am Ski gehalten werden und der Bewegung des Abrollens der Fußsohle freien Raum lassen.

Für den Wanderer empfiehlt sich mindestens die 50 mm breite Bindung, wenn nicht die breitere 75er-Tourenbindung. Rennbindungen sind nur für den sehr sportlichen Rennläufer von Vorteil, der in der Loipe »rennt«. Das tut der Wanderer gewiß nicht, er will einen guten »Stand« auf dem Ski und im stabilen Wanderschuh. Für längere Strecken und vor allem bei Abfahrten weiß man das zu schätzen.

Wie Kleidung, Ski und Bindung wird man auch den Schuh entsprechend seiner Funktion wählen.

Das heißt für den Skiwanderer, der längere Zeit die rhythmische Bewegung des Skilaufens ausführt, daß der Schuh dem Fuß Halt geben muß, dabei gerade der Knöchelgegend durch Wärme einen reibungslosen Bewegungsablauf gewährleistet, wenn man auch durch ungespurtes Gelände seine Bahn zieht.

Ein Halbschuh eignet sich nicht immer, es ist vorteilhafter, zu einem über den Knöchel reichenden und gefütterten Schuh zu greifen, denn man will – und soll! – ja auch einmal stehenbleiben und sich umsehen, um eine Landschaft zu erleben, ohne dabei gleich kalte Füße zu bekommen.

1
Rund um den Regattasee

Stadtloipe um die Regattaanlage der Olympischen Spiele 1972

Die nördlichste Stadtloipe stellt keine Ansprüche an Technik und Ausdauer. Das Richtige für Anfänger und die Familie zum Lernen und Üben. Auch für ein paar schnelle Runden nach Feierabend.

Die Anlage liegt in früherer Moorlandschaft zwischen Dachau und Münchens Norden. Ein Abstecher nach Oberschleißheim, Dachau oder Neufahrn in die dortigen Hallenbäder lohnt sich.

Ausgangspunkt: Parkplätze nördlich der Anlage
Weglänge: 5 km
Schwierigkeit: leicht
Karte: 1:50 000, Blatt L 7734 (Dachau)
MVV: S 1 bis Oberschleißheim
Schneelagebericht: 0 89/65 50 32

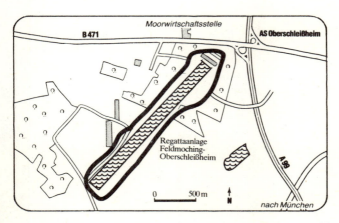

2
Ruhe im Allacher Forst

*Eine kurze Loipe für die Zeit nach Feierabend:
südlich der Werksgelände von MTU und MAN zwischen
Oberer Allee, Allacher Forstweg und Schrederbächlstraße*

Ausgangspunkt: Links ab von B 304 am Ortsanfang von Karlsfeld
Weglänge: 2,5 km
Höhenuntersch.: 5 m
Schwierigkeit: leicht
Karte: wie Tour 1
MVV: S 1 bis Moosach, Bus 70 bis Kristallstraße

Die Loipe ist etwas für den, der rasch ein paar Runden auf den schmalen Brettern zurücklegen möchte. Wer mehr Zeit und Lust hat, dreht eine Runde mehr oder probiert die Loipe um die Regattaanlage oder den Fasaneriesee. Auch Nymphenburg ist nahe. Für Autofahrer bietet es sich an, noch zur Dachauer Loipe zu fahren (siehe Route 55) oder dort das Hallenbad zu besuchen.

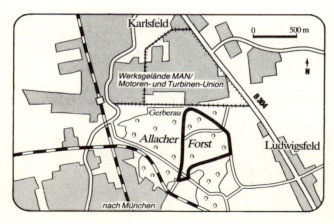

3
Bei Nacht um den Fasaneriesee

Wer möchte nicht einmal den Reiz eines Skilanglaufs bei Nacht kennenlernen

Nicht unähnlich der Loipe um die Regattaanlage, bietet sich diese um den Fasaneriesee an, die ebenfalls durch ein Erholungsgelände führt. Ihre Besonderheit ist die Beleuchtung bis 22 Uhr. Sicher möchte mancher den Reiz des Skilanglaufs bei Nacht noch öfter wahrnehmen. Denn gerade am Abend den Körper noch mit frischer Luft vollzupumpen, erleichtert das Einschlafen.

Ausgangspunkt: Parkplatz am Südwestrand des Sees
Weglänge: 5 km
Karte: wie Tour 1
Schwierigkeit: leicht
MVV: S 1 bis Fasanerie und Fußweg oder Bus 81, 83 von Feldmoching zur Faganastraße

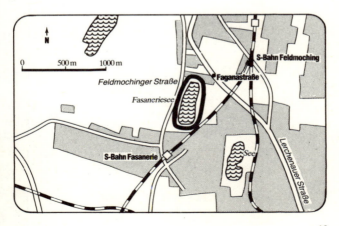

4
Durch den nördlichen Teil des Englischen Gartens

Ein leichter Rundkurs entlang der Isar mit mehreren Einstiegsmöglichkeiten

Ausgangspunkt: Hirschau im Englischen Garten
Weglänge: 6,5 km
MVV: U 6, Dietlindenstr., Bus 44 bis Osterwaldstr.

Fotos Seite 21: Im Englischen Garten; der neue Ostpark (u.)

Die Loipe durch den nördlichen Englischen Garten ist wohl die schönste Strecke innerhalb der Münchener Stadtgrenze. Die Strecke verläuft in einer weitläufigen Landschaft entlang der Isar und durch malerisch angelegte Wäldchen.

An den Schöpfer dieses Parks, den amerikanischen Physiker Graf von Rumford, erinnert eine bronzene Statue in der Maximilianstraße.

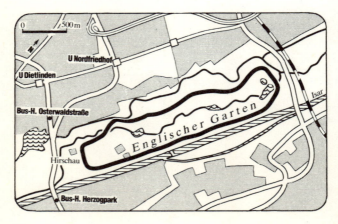

5

Skiwandern bei Nacht im Ostpark

Vor nicht allzu langer Zeit wurde im Osten der Stadt ein völlig neues Freizeitgelände geschaffen

Der Ostpark ist ein neues Freizeitgelände, das, so könnte man bei dem großen Angebot meinen, keine Wünsche mehr offen läßt.

Trotz der kleinen Abfahrt und geringen Anstiege weist die Loipe keinerlei Schwierigkeiten auf. Sie ist deshalb für Familien ebenso ideal wie für den, der am Abend zum Training noch ein paar Runden drehen möchte.

Ausgangspunkt: Heinr.-Wieland-Str.
Weglänge: 2,5 km
Höhenuntersch.: 10 m
Karte: wie Tour 4
Schwierigkeit: leicht
MVV: U 8, Michaelibad oder Quiddestr.

Foto Seite 22: Spur bei Traxl

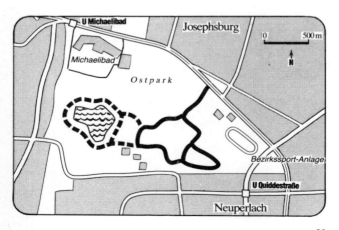

6

Im Truderinger Wald

Eine sehr schöne Loipe – für den Anfänger ideal

Ausgangspunkt: Trudering, Hochacker
Weglänge: 2,5 km
Karte: 1:50 000, Blatt L 7936 (Grafing)
Schwierigkeit: leicht
MVV: U 8 bis Michaelibad, Bus 94 bis Hochacker oder S 4 bis Trudering, Bus 194 bis Hochacker

Eine Spur, die über freie Ackerflächen und im Schatten des Truderinger Waldes verläuft. Sie ist gerade recht für die schnellen Runden nach Feierabend, zur Erhaltung der Kondition, aber auch einfach zum Spazierenlaufen.

Vorwiegende Benutzer sind die Bewohner der nahen Siedlung Waldtruderings. In der Umgebung bieten sich auch noch andere Routen an.

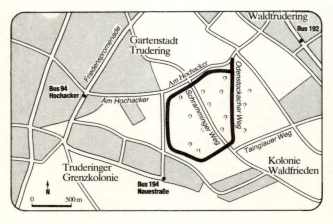

7

Im Perlacher Forst

Je nach Schneelage ein Rundkurs mit bis zu 10 Kilometern

Der Perlacher Forst gehört zu jenen ausgedehnten Waldflächen südlich der Landeshauptstadt, die der Großstadt den nötigen Sauerstoff liefern und gleichzeitig ein ausgezeichnetes Erholungsgebiet sind: sei es zum Wandern, Spazierengehen oder im Winter zum sportlichen Langlauf oder Skiwandern. Je nach Schneelage kann man auf den zum Teil geräumten Waldwegen bis zu 10 km laufen.

Ausgangspunkt: Säbener Platz
Weglänge: bis 10 km
Höhenunterschied: 10 bis 15 m
Karte: 1:50 000, Blatt L 7934 (München)
Schwierigkeit: leicht
MVV: Bus 51 oder 99 bis Säbener Straße bzw. Griechenstraße

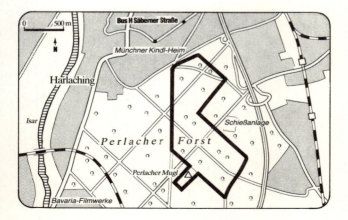

8

Stadtloipe in den Isarauen-Süd

Eine auch bei Spaziergängern beliebte Strecke am Ostufer der Isar

Ausgangspunkt: Reichenbachbrücke od. Tierpark Thalkirchen
Weglänge: 12 km
Höhenuntersch.: 10 m
Karte: wie Tour 7
Schwierigkeit: leicht
MVV: U 8, Tram 15, 25, 27 bis Frauenhofer Str., Tram 17 bis Baldeplatz

Manch einer kennt die abwechslungsreiche Strecke schon von Spaziergängen, doch einmal den 12 km auf Langlaufskiern zu folgen, ist bestimmt ein ganz neues, besonderes Erlebnis. Entscheidend ist natürlich immer die Schneelage. Beginnen läßt sich die Strecke in jedem Fall auch an selbst gewählten Punkten, nicht nur an der Reichenbachbrücke oder am Tierpark Thalkirchen.

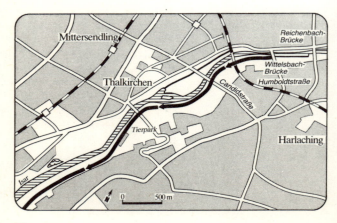

9

Vom Wetter unabhängig: Loipe Golfplatz Thalkirchen

Flutlicht und künstliche Beschneiung lassen die Loipe zu einer besonderen Rarität werden

Vis à vis der Stadtloipe 8, die durch die Isarauen des Ostufers führt, befindet sich diese kleine Loipe auf der Thalkirchner Seite. 600 m sind natürlich wenig, aber für die Trainingsrunden am Abend und zum Luftschnappen gerade das Richtige. Die Loipe verläuft zwischen Campingplatz und Isarbett bzw. dem Kanal, beginnt beim Campingplatz, geht an diesem vorbei, um vor dem Hinterbrühler See zu wenden.

Ausgangspunkt: Zeltplatz an der Isar
Weglänge: 600 m
Höhenuntersch.: 5 m
Karte: 1:50 000, Blatt L 7936 (Grafing)
Schwierigkeit: leicht
MVV: U 3, U 6 bis Implerstr., Bus 31, 57 bis Tierpark Thalkirchen

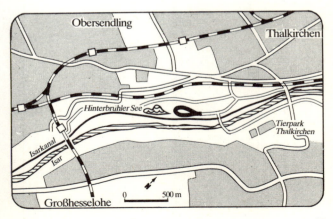

10
Erholung im Forstenrieder Park

Eine ruhige, genußvolle Loipe im Münchener Süden

Ausgangspunkt: Parkplatz Link
Weglänge: ab 5 km
Höhenuntersch.: 15 m
Karte: 1:50 000, Blatt L 7934 (München)
Schwierigkeit: leicht
MVV: Tram 16 bis Fürstenried West, Bus 61 bis Kemptener Straße

Westlich der BAB München–Garmisch führt leicht und baumbeschattet die Loipe den erholungsuchenden Großstädter auf die Spuren früherer herzoglicher Jagdgesellschaften. Der Forstenrieder Park ist eine der stadtnahen Erholungsgebiete und eine der wichtigsten Lungen der Großstadt.

Enden könnte diese Tour mit einem Hallenbadbesuch in Forstenried.

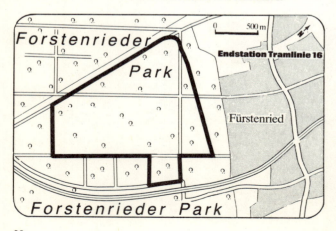

11
Im Südpark bei Flutlicht bis 22 Uhr

Für die Zeit nach Feierabend ein ideales Gelände

Wie die meisten Stadtloipen ist auch diese kurz, aber hübsch. Sie führt zwischen der Drygalski-Allee, dem Start, der Höglwörtherstraße und der Autobahn München–Garmisch.

Für den Autofahrer bietet es sich an, vorher oder nachher noch die Loipe im Forstenrieder Park zu probieren. Ein Hallenbadbesuch in Forstenried könnte dann den Ausflug sinnvoll beenden.

Ausgangspunkt: Sendling, Drygalski-Allee
Weglänge: 2,5 km
Höhenuntersch.: 5 m
Karte: wie Tour 10
MVV: Tram 19, 29 bis Fürstenrieder Str., dann Bus 41 bis Drygalski-Allee

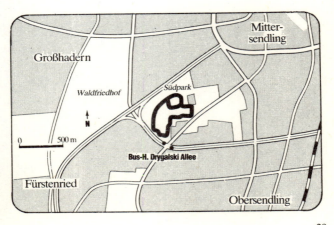

12

Stadtloipe
Lochhamer Schlag

Die westlichen Stadtloipen sind für den Autofahrer leicht hintereinander abzulaufen

Ausgangspunkt: Lochham, Großhadener Str., Schlagweg (Parkplatz)
Weglänge: 2,7 km
Höhenuntersch.: 5 m
Karte: wie Tour 10
Schwierigkeit: leicht
MVV: S 1, 2, 3, 4, 5, 6 bis Laim, Bus 35 bis Blumenau

Bei den Loipen Lochhamer Schlag, Aubinger Lohe und Pasinger Stadtpark bietet es sich an, alle drei Touren bei einem Besuch abzulaufen.

Jede für sich hat ihren Reiz und eignet sich für ein kurzes Ausspannen vom Alltag.

Vielleicht endet dann die eine oder andere Tour mit einem Besuch im Süd- oder Westbad.

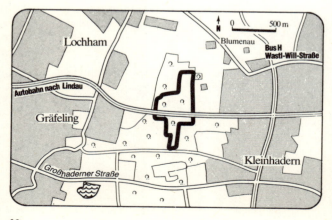

13
Im Pasinger Park

*Ein Naherholungsziel des Stadtteils Lochham,
schön gelegen an der Würm*

Am südlichen Ende des Pasinger Stadtparks befindet sich in einem Wiesengelände des Erholungsparks die Trainingsloipe an der Würm. Sie liegt in einer reizvollen Landschaft am Ufer des Flüßchens, Autofahrer tun sich leichter, die Westrandloipen auf einmal auszuprobieren und sie sogar zum Abschluß mit der nächsten, der Loipe an der Mauer des Nymphenburger Parks, zu verbinden.

Ausgangspunkt:
Locham, Straße am Stadtpark
Weglänge: 2 km
Höhenuntersch.: 10 m
Karte: wie Tour 10
Schwierigkeit: leicht
MVV: S 3, 4, 5, 6 bis Pasing, Bus 70 bis Dachstraße oder Maria-Eich-Straße

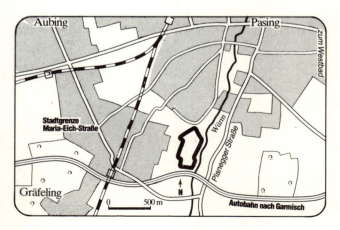

14

Die westlichste Stadtloipe: Aubinger Lohe

Die Gegend um Aubing war schon für Kelten und später die Bajuwaren interessant

Ausgangspunkt: Aubing, Schwojer-/Kohlmeisenstraße
Weglänge: 3 km
Höhenunterschied: 15 bis 20 m
Karte: wie Tour 10
Schwierigkeit: leicht
MVV: S 3 bis Lochhausen, Bus 74 bis Eichelhäherstraße

Im Wald verläuft die westlichste Stadtloipe, die insbesondere für den historisch interessierten Wanderer sehr reizvoll ist. Er trifft dort auf Zeugnisse früher Besiedlung: Von den Kelten blieb die Viereckschanze erhalten, von den Bajuwaren besitzt Aubing ein Gräberfeld, das reiche Beigaben enthielt und der Wissenschaft sehr gute Hinweise auf die Zeit vom 6. bis 8. Jahrhundert lieferte.

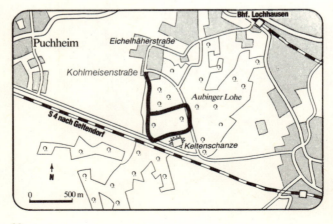

15

Loipe mit Blick auf Schloß Nymphenburg

Im westlichen Teil des Nymphenburger Parks ist eine völlig flache Loipe

Flach wie die Bretter an den Füßen der Skilangläufer ist die Loipe an der Mauer des Schloßparks Nymphenburg. Sie fordert also keinerlei Kondition, gibt dafür aber sehr viel her.

Sie führt durch lichtes Gehölz und über Wiesen und gewährt beim Überbrücken des Kanals sogar einen schönen Blick auf das ferne Schloß, das gewiß viele von sommerlichen Besuchen her kennen.

Ausgangspunkt: Parkplätze bei der Pagodenburg
Weglänge: 3 km
Höhenunterschied: 0
Karte: wie Tour 10
MVV: S 3, 4, 5, 6 bis Pasing, Bus 34 bis Kaspar-Kerl-Straße oder Paul-Gerhard-Allee

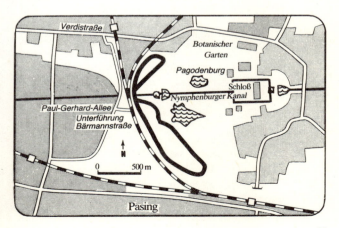

16

Von Neufahrn durch das Freisinger Moos

Eine unmarkierte Strecke durch das Moos auf die Hügelkette zwischen Freisinger Moos und Ampertal

Ausgangspunkt:
Neufahrn, Massenhausener Straße
Weglänge:
bis zu 13 km
Höhenunterschied:
35 bis 40 m
Karte: 1:50 000, Blatt L 7734 (Dachau)
Schwierigkeitsgrad:
mittelschwer

Vom S-Bahnhof Neufahrn geht man geradeaus etwa 400 Meter die *Massenhausener Straße* entlang bis zum Ortsausgang, dann links in den Weidenweg und an der Reihensiedlung weiter. Ein Landwirtschaftsweg durchzieht nun die weiten Felder westlich von Neufahrn, auf dem man seine Spur legen kann.

Eine Straße wird überschritten, ebenso die Autobahn, nach der Autobahnbrücke kommt man an dem Weiler *Gehren* vorbei. Vorläufig muß man noch in der Nähe der Straße bleiben, weil ein paar Wasserläufe zu überwinden sind. Einige hundert Meter vor Fürholzen kann man sich dann freier bewegen.

Fürholzen hat eine hübsche Kirche auf einem Hügel. Im Ort geht man die Hetzenhauser Straße bis zu den letzten Häusern weiter, biegt dann nach rechts in die Herrenbergstraße ein und verfolgt nach dem Ortsausgangsschild einen Hohlweg bis zur Höhe einiger Pappeln. Nun geht es weiter rechts auf die hohen Felder. Auf der Höhe am Waldrand entlang hat man einen

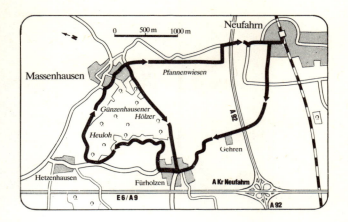

schönen Ausblick auf Fürholzen mit seinem anmutigen Kirchturm und in der Ferne auf das Isartal.

Eine tiefe Mulde bringt in die Skiwanderung Abwechslung, die weiter am Waldrand entlang nach *Hetzenhausen* führt, einem kleinen Ort, den man nicht berührt, da man am Rande der Günzenhauser Hölzer bleibt und so einem weit sichtbaren Hochstand zustrebt.

Nun kann man die Skier wieder einmal laufen lassen und entweder auf Feldwegen oder über Wiesen und Felder in die Senke von *Massenhausen* fahren. Massenhausens Kirchturm grüßt schon von weitem und zeigt den Weg.

Je nach Kondition kann man nun am Fuß der Hügelkette entlang nach *Fürholzen* und auf dem schon bekannten Weg zurück nach *Neufahrn* gelangen. Schöner ist jedoch, dem schmalen Weg ins Moos hinein zu folgen. Wer dies wagt und nicht fehlgehen will, sollte unbedingt über einen guten Orientierungssinn verfügen und eine Karte dabei haben.

Einkehrmöglichkeit:
Fürholzen (Gasthaus Reichelmayr, Montag Ruhetag), Massenhausen (Gasthaus Hepting)
MVV: S 1 bis Neufahrn
Neufahrn:
Ortskern und Kirche aus dem 15. Jahrhundert; Hallenbad
Massenhausen:
St. Mariä Heimsuchung, ursprünglich spätgotische Kirche

17

Von Neufahrn nach Pulling

Mittelschwere, abwechslungsreiche Streckenwanderung durchs Moos und über welliges Gelände

Ausgangspunkt: Neufahrn, Massenhausener Straße
Weglänge: 15 km
Höhenunterschied: 35 bis 40 m
Karte: 1:50 000, Blatt L 7734 (Dachau) und L 7736 (Eching)
Schwierigkeitsgrad: mittelschwer
Einkehrmöglichkeit: Massenhausen (Gasthaus Hepting), Giggenhausen (Metzgerwirt)

Der erste Teil dieser zwar längeren, dafür sehr reizvollen und abwechslungsreichen Wanderung auf Langlaufskiern deckt sich bis nach *Hetzenhausen,* genauer gesagt bis zu dem Jägerhochstand auf der Anhöhe, mit der Route 16.

Nun verläßt man ab dem Hochstand die Felder, um die Straße Eisenbach–Massenhausen zu überschreiten. Man bleibt stets auf der Höhe, von der aus man zu einer militärischen Anlage hinübersieht. Weiter geht es hinunter auf die Straße Massenhausen–Schaiderhausen und an einem mit Erlen gesäumten Bach entlang nach *Giggenhausen.*

Wer schon Rast machen will, kann auch nach Massenhausen gehen und danach die Untere Hauptstraße bis zur Weinbergstraße laufen und dann Richtung Schaidenhausen auf der anfangs mit Pappeln bestandenen Straße wandern.

Interessant ist in den kleinen Orten meist die Kirche als Zeugnis der Geschichte. So besitzt auch Giggenhausen eine ursprünglich spätromanische Kirche.

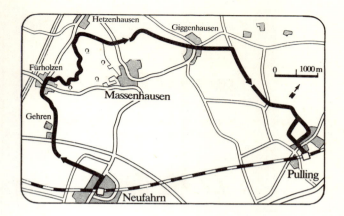

Von Giggenhausen kann man nun zwar die Wiesenflächen neben der Straße in Richtung Vötting für die Weiterwanderung benützen, schöner ist es jedoch, einen anderen Weg zu gehen. Man wandert etwa 150 m die Straße auf *Massenhausen* zu und biegt 50 m vor dem Metzgerwirt links in den Wald hinein. Von hier aus rechts auf die Höhe hinauf, die einen hübschen Ausblick auf das bäuerliche Dorf bietet. Von hier oben gibt es eine 300 m kleine Abfahrt zu einem von der Straße nach Vötting kommenden Hohlweg, der ins Moos hinauszieht. Diesem Weg kann man gleich folgen, er führt zum Segelfluggelände. Hierher gelangt man auch, wenn man nicht den Hohlweg verfolgt, sondern neben der Straße bis zum Fahrweg ins Moor weiterwandert (etwa 1 km nach dem Hohlweg). Zur Orientierung benutzt man entweder den Fahrweg oder man wandert quermoosein bis zu einem Bach, neben dem ein Weg verläuft. Eine Brücke führt auf die andere Seite, dann ist es bis zum Ortsrand von *Pulling* nicht mehr weit.

MVV: S 1 bis Neufahrn, Rückfahrt am Pulling mit S 1
Bemerkenswert:
Die unterschiedliche Landschaft: flaches Moos und hügelige Gegend
Neufahrn:
Ortskern und Kirche aus dem 15. Jahrhundert; Hallenbad
Massenhausen:
St. Mariä Heimsuchung, eine barockisierte spätgotische Kirche

18
Im Freisinger Forst

Loipe mit Anstiegen und Abfahrten, die schon eine gewisse Übung erfordern

Ausgangspunkt: Freising, Wippenhauser Straße beim Schießplatz
Weglänge: 7,5 km
Höhenunterschied: 15 bis 20 m
Karte: 1:50 000, Blatt L 7536 (Freising)
Schwierigkeitsgrad: mittelschwer
Einkehrmöglichkeit: Wirtshaus Plantage

Die Loipe beginnt im Nordwesten von Freising am Waldrand beim Eingang zum *Schießplatz*. Gleich am Anfang sind einige Anstiege und Abfahrten zu bewältigen, die schon einiges an Können und Kondition erfordern. Die Loipe kreuzt dann die Straße nach Wippenhausen und bleibt westlich von *Pettenbrunn* eine kurze Strecke in freiem, flachem Gelände. Dort wendet sie sich südlich des kleinen Ortes, um wieder, das Sträßchen querend, in den Wald einzutreten und in Richtung des Wirtshauses Plantage zu ziehen. Vorher biegt die Loipe nach Westen um und erreicht nach einigen Windungen und in hügeligem Waldgelände wieder den Ausgangspunkt.

Für manchen mag der Rundkurs mit seinen 7,5 km etwas kurz sein, um deswegen extra nach *Freising* herauszufahren. Wer aber Freising noch nicht kennt, wird sich sicher anschließend eine der schönsten Städte Oberbayerns ansehen. Der Domberg über der Isar, zu dessen Füßen sich die Stadt entwickelte, ist eine der

Foto Seite 39: Bestiensäule im Dom von Freising

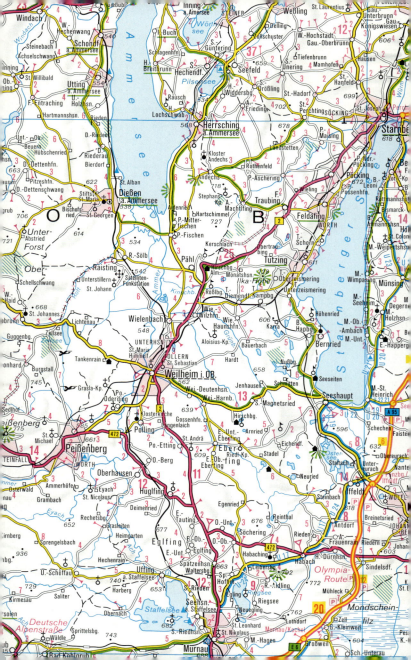

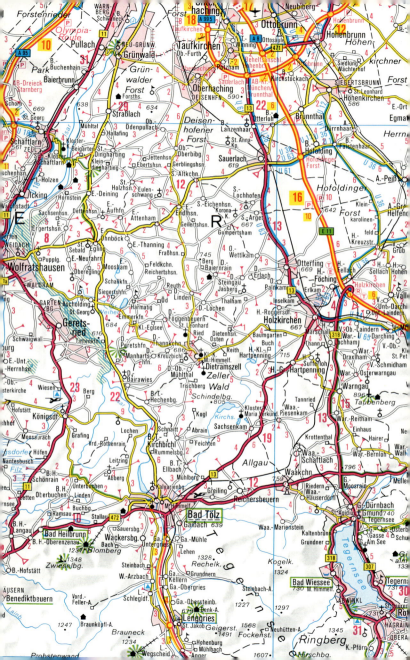

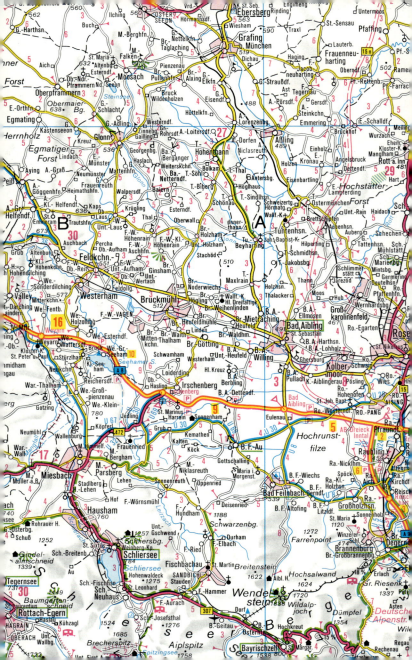

geistigen und geistlichen Zentren Süddeutschlands.

Freising war vom 8. Jahrhundert, bis 1821 das Bistum nach München verlegt wurde, Bischofsstadt. Für den Besucher ist besonders eindrucksvoll, daß auf dem langgestreckten Bergrücken noch sehr viele Gebäude zu besichtigen sind.

Das Beeindruckendste von Freising ist der Dom St. Maria und St. Korbinian. Außen blieb der romanische Bau in seinen Grundzügen erhalten. Das Innere wurde jedoch Anfang des 18. Jahrhunderts von den Brüdern Asam mit reichen Rokokomalereien und üppigen Stuckarbeiten ausgestattet. Der interessanteste Teil des Doms ist die vierschiffige Krypta mit der berühmten Bestiensäule unter dem erhöhten Ostchor. Durch einen Kreuzgang mit dem Dom verbunden, ist die kleine Benediktuskapelle und an der Westseite die hochgotische Johanneskirche. Nordöstlich vom Domberg liegt im Tal die Klosterkirche Neustift, ein Gemeinschaftswerk berühmter Künstler.

MVV: S 1 bis Freising, vom Bahnhof 2 km bis zum Waldrand (Saar- und Johannisstraße, Wippenhauser Straße bis Einfahrt zum Schießplatz
Freising:
Ehemalige Bischofsstadt mit imposanter Domanlage auf dem Domberg und der ältesten Brauerei der Welt in der ehemaligen Benediktinerabtei Weihenstephan

Karten Seite 40–42: Kümmerly + Frey, Deutsche Reisekarte 1:250 000.
Nördliche Anschlußblätter siehe Seite 10–12

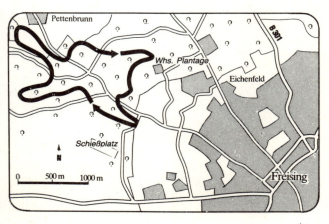

19

Das Erdinger Hinterland

Großzügige, nicht gespurte Skiwanderung im sanfthügeligen Gelände von Erding

Ausgangspunkt:
Erding, Straße Erding–Pretzen am Indorfer Berg
Weglänge:
10 bis 16 km
Höhenunterschied:
15 m
Karte: 1:50 000, Blatt L 7736 (Erding)
Schwierigkeitsgrad:
mittelschwer
Einkehrmöglichkeit:
Altenerding (Gasthof Widl, Mi. Ruhetag, Gasthaus Adlberger, Mo. Ruhetag), Bockhorn Gasthaus Müllner, Donnerstag Ruhetag
MVV: S 6 bis Altenerding

Zu der eindrucksvollen Skiwanderung geht man vom *Bahnhof Altenerding* die Bahnhofsstraße zur barocken Pfarrkirche vor. Dieses Werk des Erdinger Stadtbaumeisters Anton Kogler sollte man unbedingt aufsuchen. Interessant ist die eigenartige, einem Schiff ähnliche Kanzel. Von hier aus geht man weiter in die Landgerichtsstraße und kommt über einen schmalen Steg an das andere Ufer der Sempt. Den Pretzener Weg verfolgt man bis zur Straße am Altwasser, biegt links ab, quert die Straße Erding–Pretzen und schnallt nach 1,3 km am Fuß des *Indorfer Berges,* am Beginn des Feldweges, seine Skier an.

Das Ziel ist zunächst eine Baumreihe. Dort wird der Wassergraben in Richtung auf Neuhausen zu überschritten. Im Abstand von ca. 150 Metern geht es an einer Baumgruppe und Baumschule vorbei. In *Neuhausen* quert man die Straße und nimmt das Zwiebeltürmchen der Neukircher Kirche ins Visier. Dahinter – nachdem bis dahin das Gelände ganz leicht fiel – wandert man über Felder empor auf

Flanning zu und überquert die Dorfener Straße (Rückfahrmöglichkeit mit Bus 564 und 565).

Jenseits der Dorfener Straße geht es auf anfangs von Birken bestandenem Feldweg auf *Salmannskirchen* zu, dessen Kirchturm auffällt. Im Ort biegt man gleich nach rechts und geht der Straße entlang nach *Thal,* das man durchquert und Richtung Bockhorn über die Strogn verläßt. Bis *Bockhorn* sind es 1,2 km, dort laden das Gasthaus Müllner und die Pfarrkirche Mariä Heimsuchung zur Rast ein, bevor man weiter über *Oberstrogn* nach *Unterstrogn* wandert. Von Oberstrogn gibt es die Möglichkeit, nach 10 km über Emling, Salmannskirchen, Ammersdorf nach Altenerding zurückzukehren.

Der weitere Weg geht von Strogn auf einem Feldweg am Flugplatz rechts vorbei, bis vor zu den Weihern und dem militärischen Gelände, vor dem nach rechts ausgewichen wird. Nun vor zur Straße und in *Langengeisling* an der Kirche rechts und auf freiem Feld nach *Altenerding* zurück.

Altenerding:
Wurde schon früh besiedelt, um 788 wurde der Ort erstmals als Ardeoingis genannt. Im 9. Jahrhundert war dort ein Königshof. Sehenswert ist die Pfarrkirche St. Mariä Verkündigung mit einer originellen Schiffskanzel.
Bockhorn:
Prächtige Dorfkirche

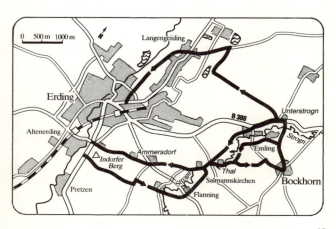

20

Zum Neufahrner Berg bei Poing

Ausgedehnte Skiwanderung, bei der ebene Wald- und Wiesenwege mit hügeligem Gelände wechseln

Ausgangspunkt: Bahnhof Grub, Neufahrn oder Anzing
Weglänge: 11 km
Höhenunterschied: 30 m mit Neufahrner Berg
Karte: 1:50 000, Blatt L 7936 (Grafing) und Freizeitkarte des Landkreises Ebersberg
Schwierigkeitsgrad: leicht
Einkehrmöglichkeit: Anzing (Gasthof Alte Post, Kirchenwirt)

Der rührige SC Poing hat eine kleine Loipe nördlich des Neufahrner Berges, einem großartigen Aussichtspunkt über die weite, ebene Landschaft östlich Münchens angelegt. Den Blick begrenzt im Südosten nur der Ebersberger Forst. Die kleine Loipe ist allerdings kein ausgesprochener Skiwanderweg, eher was für einige Runden nach Feierabend. Aber in Verbindung mit einer ungespurten, leichten Wanderstrecke, die man vom *Bahnhof Grub* aus unternehmen kann, eine reizvolle Wanderung, insbesondere wenn man dann noch die 3 km bis Anzing weiterzieht.

Südlich der Station Grub dehnen sich weite, ebene Felder aus. Man wandert auf einem Feldweg, der diagonal hindurchführt, später durch ein kleines Waldstück, bevor man dann nach *Angelbrechting* gelangt, und dort die Straße Poing–Neufahrn überschreitet. Hügelan gelangt man zum *Berghäusl*, wo unterhalb die blaue runde Tafel des Skiwanderweges des SC Poing zu sehen ist. Weiter geht es südlich auf die Höhe des *Neufahrner Berges* mit Blick auf das Gelände in Richtung Anzing. Man wird Lust bekommen, dorthin zu wandern, denn an dem kleinen Ort *Froschkern* sind es nur knapp 2 km bis Anzing. Also rutscht man an *Ranharting* vorbei den Neufahrner Berg hinunter und ist so in zwanzig Minuten in *Anzing.*

Es lohnt sich unbedingt, einen Bummel durch den anheimelnden Ort zu machen und auch einmal in die Pfarrkirche zu schauen, die neben schönen Stuckarbeiten auch mehrere beachtenswerte Barockaltäre besitzt.

Von Anzing aus wendet man sich für den Rückweg nicht in Richtung Froschkern, sondern wandert links der Straße bis nach *Garkofen,* wo man südwärts auf *Ranharting* zu abbiegt, um jenseits des Neufahrner Berges abzufahren.

Verlängert wird die Skiwanderung noch um ein schönes Stück, wenn man von Garkofen links abbiegt, über die Felder zieht, den Wildpark umrundet und dann schließlich an der Bahnlinie entlang nach *Poing* kommt.

Anzing:
Pfarr- und Wallfahrtskirche St. Maria, Högerkapelle, ehemalige Schloßkapelle (1619), des Geschlechts der Höger, deren letztes Glied 1800 starb

Poing:
Pfarrkirche St. Michael mit sehr schönen Einzelplastiken, interessanter Wildpark

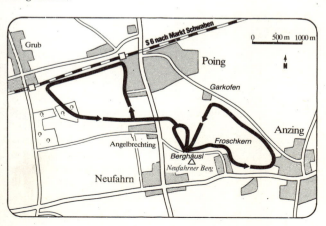

21

Im Altsiedelland bei Grafing

Rundwanderungen auf meist maschinell präparierten Pisten

Ausgangspunkt:
Grafing, Kapellenstraße bei der Schule
Weglänge:
bis zu 20 km
Höhenunterschied:
25 bis 30 m
Karte: 1:50 000, Blatt L 7936 (Grafing) und Freizeitkarte des Landkreises Ebersberg
Schwierigkeitsgrad:
mittelschwer

Wer die Grafinger Loipen kennengelernt hat, wird sicher wieder kommen.

Die Strecke Grafing–Steinhöring und zurück erfordert bei einigen Anstiegen und Abfahrten zwar einiges an Standvermögen, doch dafür wird der Skiwanderer auch mit einer sehr anmutigen Landschaft belohnt.

Die Loipe verläuft überwiegend über sanfte Hügel, umrundet kleinere Waldstücke, führt teilweise am Waldrand entlang und durchzieht einige Moosstriche.

Auf eine genauere Beschreibung der Route kann hier verzichtet werden, da die Strecke sehr gut der Freizeitkarte des Landkreises Ebersberg zu entnehmen ist.

Die Loipe ist im allgemeinen präpariert, so daß es überhaupt nicht stört, wenn die Strecke einmal einen anderen Verlauf nimmt, als in der Karte angegeben ist.

Hier seien also nur ein paar Stationen angegeben: *Geisfeld, Baumberg, Traxl, Pollmoos, Hintsberg* und schließlich *Steinhöring,* von wo aus die Tour natürlich auch gemacht werden kann. Sicher wird der eine oder andere sich trotz der langen

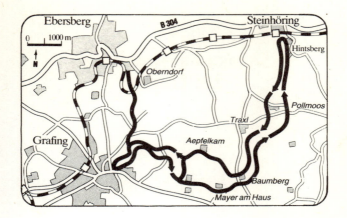

Strecke noch in den drei Orten Grafing, Steinhöring und Ebersberg umsehen.

Sie liegen in einer fruchtbaren Gegend, die schon früh besiedelt wurde. Der größte Ort, *Grafing,* hat einen sehr schönen Ortskern mit behäbigen Brauereigasthöfen und einem interessanten Heimatmuseum. Außerdem haben auch hier so bekannte Künstler wie J. B. Zimmermann und J. B. Straub gearbeitet und die kleine barocke Dreifaltigkeitskirche ausgestattet.

Auch *Ebersberg* hat einen sehr sehenswerten Marktplatz mit sehr schönen Häusern aus der Zeit des Barock bis zum Biedermeier. Die ehemalige Klosterkirche St. Sebastian bietet heute aufgrund der verschiedenen Um- und Anbauten ein uneinheitliches Bild. Sehenswert ist die reiche Ausstattung der Sakristei sowie die Grabinschriften in der Kapelle, die zu den wichtigsten plastischen Kunstwerken der bayerischen Spätgotik zählen.

Steinhöring war bereite Mitte des 16. Jahrhunderts Posthaltestelle der Linie Landsberg–Wien.

Einkehrmöglichkeit:
Grafing
MVV: S 4 bis Grafing
Auskunft über Schneelage:
0 80 92/2 16 54/50 41
Grafing:
Ortskern, Heimatmuseum, Dreifaltigkeitskirche mit Arbeiten von J. B. Zimmermann und J. B. Straub
Ebersberg:
Marktplatz, Klosterkirche St. Sebastian mit wertvollen Grabinschriften

22
Skiwander-Rundkurs bei Glonn

Loipe für einfache bis gehobene Ansprüche

Ausgangspunkt:
Glonn, am südlichen Ortsrand, Schwimmbad Wiesmühle
Weglänge:
10 bzw. 20 km
Höhenunterschied:
15 bis 20 m
Karte: 1:50 000, Blatt L 7936 (Grafing) und Freizeitkarte des Landkreises Ebersberg
Schwierigkeitsgrad:
mittelschwer
Einkehrmöglichkeit:
Glonn (Gasthof Post)
MVV: S 4 bis Grafing, Bus 440 bis Glonn
Bemerkenswert:
Loipe bei Balkham bis 22 Uhr beleuchtet

Für die Glonner Loipe sollte Orientierung kein Fremdwort sein.

Üblich ist die gespurte und markierte 10 km lange Standardloipe, die am Ortsrand beim *Schwimmbad Wiesmühle* beginnt.

Die Loipe führt erst flach, dann in einem Hohlweg auf eine Hochfläche und führt im Bogen am Waldrand entlang. Im Wald zieht sie, einem Hohlweg folgend, tiefer und steigt kurz und steil wieder in freies Gelände an. Eine hübsche Abfahrt in eine Mulde unterhalb des Ortes *Münster* läßt sicher manches Herz höher schlagen. Münster ist Trennpunkt der 20-km-Strecke, die sich vor dem Ort nach links entfernt. Die 10 km lange Spur umrundet den Ort auf freier Fläche und hält sich am Waldrand, bis der Weiler *Lindach* erreicht ist. Nun hält man sich an dem Sträßchen, das nach Kreuz führt, dessen Kirchtürmchen in der Ferne sichtbar wird. Rechts des Ortes zieht die Loipe kurz bergauf, um in völlig gerader, steiler Abfahrt auf *Balkham* zuzustreben, wo der Rundkursbeginn auf der Höhe erreicht wird. Die 20-km-Strecke zweigt bei *Münster* mit längerer Abfahrt in den Augraben nach links ab. Nun zieht sie flach weiter, überschreitet den *Kupferbach* und das Sträßchen nach Loibersdorf, das rechts bleibt.

Der Weg führt weiter bergauf durch den Wald Richtung *Spielberg,* umrundet einen Hügel und quert dabei den Weg nach *Kaps.* Weiter nördlich Richtung *Loibersdorf,* dann südwestlich auf Heimatshofen zu. Südlich dieses Ortes überschreitet die Straße nach Helfendorf und berührt fast die Loipe Helfendorf-Aying. Wer mit dem MVV unterwegs ist, kann die Tour in *Aying* beenden und mit der S 1 zurückfahren.

Die Glonner Strecke wendet sich nordwestlich, um Heimatshofen herum, überschreitet das Sträßchen nach *Kaltenbrunn,* bleibt links von *Neumünster* und stößt bei Neumünster auf die Standardloipe, der sie weiter folgt.

Bei *Balkham* ist ein etwas heikler Hang abwärts zu überwinden, bevor man wieder die Flachstrecke beim Start erreicht.

Auskunft:
0 80 93/6 44/3 56
Glonn:
Kirche aus dem 14. Jahrhundert, im 18. Jahrhundert barockisiert.
Kirche St. Johann, 1768 bis 77 zu heutiger Gestalt umgebaut.
Altarfiguren von Straub-Schüler.
Schloß Zinneberg, Sitz verschiedener bayerischer Geschlechter; Hallenbad
Kleinhelfendorf:
Marterkapelle
St. Emmeram, Rokokokapelle mit Gruppe von fast lebensgroßen Holzplastiken

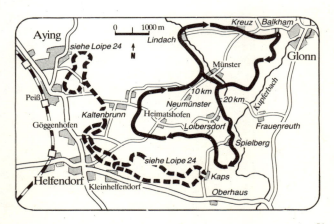

23
Loipe bei Moosach

*Für gehobene Ansprüche mit Steigungen und Abfahrten –
eine Loipe des SC Falkenberg*

Ausgangspunkt:
Moosach, Skilift Tranzlberg
Weglänge:
9 bzw. 15 km
Höhenunterschied:
40 bis 50 m
Karte: 1:50 000, Blatt L 7936 (Grafing) oder Freizeitkarte des Landkreises Ebersberg
Schwierigkeitsgrad:
mittelschwer
Einkehrmöglichkeit:
Moosach (Gasthaus Neuwirt), Schlacht

Der Moosacher Rundwanderkurs beginnt am *Skilift Tranzlberg* und führt zuerst über Wiesen und Ackerflächen, dann ansteigend im Wald südwärts, um sich dem *Steinsee* zu nähern, dessen Ostufer er umrundet. Die Loipe zieht weiter nach *Oberseeon* hinauf und führt von dem kleinen Hügel hinab in die Nähe des *Kitzelsees,* der wie der Steinsee unter Naturschutz steht.

Der Kitzelsee wird auf der Ostseite umrundet. Nun geht es auf den von Feldern umgebenen Ort *Schlacht* zu (hübsche Kirche). Nördlich des Ortes zieht die Spur eine Schleife über die Straße Schlacht–Niederseeon und wendet sich in gerader Linie und über welliges Gelände auf *Esterndorf* zu. Südlich dieses Ortes kreuzt man die Straße von Esterndorf nach Niederseeon. Danach bestehen für den Weiterweg zwei Möglichkeiten: Die 6 km längere Tour führt durch das *Tegernseer Holz,* die kürzere durch das *Moosacher Holz,* wo man nach insgesamt 9 km zum Skilift zurückkommt.

Wer also noch gerne länger auf den Brettern steht, folgt dem Graben zwischen zwei Bergrücken ins *Jesuitenholz*, nordwestlich des Weilers *Schattenhofen*. Im Jesuitenholz biegt man rechts ab und überquert etwa 700 Meter nördlich der *Maximilians- und Königseiche* die Straße Buch–Moosach.

Nach etwa 1000 Meter rechts, dann geradeaus auf den Weg Königseiche–Deinhofen zu, der überquert wird. Der Weg führt dann weiter nach *Moosach* hinab zum Lift.

Der Ort Moosach selbst ist wie viele Orte der weiteren Umgebung sehr früh in den Urkunden genannt. So wird bereits ab 1050 von einem Ortsadel »de Mosaha« gesprochen. Der Ort war seit jeher ein bäuerliches Dorf, dem der Bach und die an ihm gelegenen zahlreichen Mühlen das Gepräge gaben. Nach dem zweiten Weltkrieg wurde Moosach bedeutend vergrößert, konnte aber glücklicherweise dennoch seinen ursprünglichen Charakter bewahren.

MVV: S 4 bis Grafing, Bahnhof, Bus 440 bis *Moosach*
Moosach:
Pfarrkirche
St. Bartholomäus, Wallfahrtskirche Maria Altenburg, die um 1400 anstelle einer Burg entstand und Anfang des 18. Jahrhunderts barockisiert wurde
Schlacht:
Ein reizender kleiner Ort, der nicht unbeachtet bleiben sollte

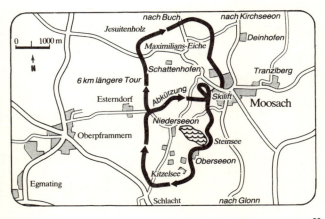

24
Rundwanderloipe Aying

Mittelschwere Loipe, bei der Wald und freies welliges Gelände für Abwechslung sorgen

Ausgangspunkt: Aying, Kaltenbrunner Straße
Weglänge: 15 km
Höhenunterschied: 15 bis 20 m
Karte: 1:50 000, Blatt L 8136 (Holzkirchen) und Freizeitkarte des Landkreises Ebersberg
Schwierigkeitsgrad: mittelschwer

Eine Tafel am Start bei der *Kaltenbrunner Straße* zeigt, daß es verschiedene Strecken gibt. Daher sind zur besseren Orientierung die einzelnen Strecken farbig unterschiedlich gekennzeichnet. Am Start sollte man auch an die Loipenkasse denken, da die Ayinger und Helfendorfer Skifreunde die Loipe maschinell präparieren.

Die hier beschriebene Loipe, die die Helfendorfer Strecke mit einbezieht, ist die längste. Die Spur führt über freie Flächen bergauf, verläuft am Waldrand in der Schneise, die für die Trasse der Überlandleitung geschlagen wurde. Aus diesem buschigen Abschnitt heraus hält man sich in Richtung Helfendorf. Von den vielen Spuren, die in dieser Gegend gezogen wurden, braucht man sich nicht verwirren zu lassen. Markierungen und Kirchtürme, zum Beispiel der von Kleinhelfendorf, erleichtern das Richtunghalten.

Der Wanderkurs zieht an *Kleinhelfendorf* mit ein paar hübschen Abfahrten und Anstiegen vorüber auf *Kaps* zu, einer größeren Häusergruppe, vor der die Loipe in einer Schleife umkehrt, um in einigem Abstand parallel dazu nach *Helfendorf* und *Aying* zurückzuführen. Man sollte jedoch nicht zum Start zurückkehren, ohne den Ort *Kleinhelfendorf* aufzusuchen.

Hier Station zu machen, lohnt sich nicht nur wegen der recht gemütlichen Gaststube gegenüber der Pfarrkirche St. Emmeram, sondern auch wegen der Kirche selbst mit sehr schöner Miesbacher Stuckarbeit und einem beachtenswerten Rotmarmoraufstein. Beeindruckend ist aber auch die nahegelegene Marterkapelle St. Emmeram. Feine Stuckarbeiten schmücken den Innenraum. In der Raummitte fällt die fast lebensgroße Gruppe von farbigen Holzplastiken auf, die die Marter realistisch darstellt.

Aying, wohin man wieder zurückkehrt, bietet natürlich auch gastliche Wirtshäuser zur Einkehr. Nicht zuletzt, da Aying wegen seines köstlichen Bieres weit bekannt ist. Leider ist das Heimatmuseum im Sixthof im Winter meist geschlossen, einen Versuch sollte man aber dennoch wagen.

Einkehrmöglichkeit:
Aying (Brauereigasthof, Bahnhofsgaststätte, Café)
MVV: S 1 bis Aying
Besonderheit:
Bei guter Schneelage gibt es eine Verbindung zur Loipe Glonn
Aying:
Ortskern, Pfarrkirche St. Andreas, Sixthof
Kleinhelfendorf:
Pfarrkirche St. Emmeram und Marterkapelle mit sehr schönen, fast lebensgroßen Holzplastiken

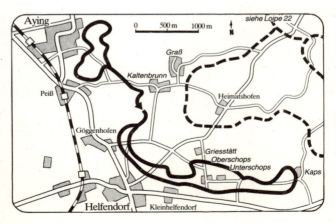

25
Helfendorfer Loipe

*Läßt sich mit der Ayinger Loipe sehr gut verbinden,
setzt dann aber wegen der Anstiege und Abfahrten schon mehr
Kondition voraus*

Ausgangspunkt:
Großhelfendorf,
Sportplatz
Weglänge:
7 bzw. 15 km
Höhenunterschied:
10 bis 15 m
Karte: 1:50 000, Blatt
L 8136 (Holzkirchen)
und Freizeitkarte des
Landkreises Ebersberg
Schwierigkeitsgrad:
leicht bis mittelschwer

Den stattlichen Ort *Großhelfendorf* durchschreitet man auf dem Weg vom Bahnhof zum Start der Loipe hinter dem Sportplatz (1 km).

Die Spur, die von den Helfendorfer Skifreunden maschinell gepflegt wird, zieht über weite, wellige Wiesen und Felder auf die Höhe zu, hinter der sich die Zwiebeltürme von *Kleinhelfendorf* hervorrecken.

Dort trifft man auf die Loipe, die von *Aying* heraufkommt. Weiter geht es an einigen Häusergruppen vorbei nach *Kaps,* wo die Loipe in einer Schleife wendet, um nach *Helfendorf* oder sogar weiter hinunter nach *Aying* zu führen. Wer von dort dann wieder nach Helfendorf muß, hat eine Steigung zu überwinden, die aber recht leicht zu bewältigen ist.

Da Helfendorf und Aying nur 5 km auseinander an der gleichen S 1-Strecke liegen, bietet sich die Möglichkeit an, die Wanderung nicht als Rundkurs, sondern als Streckenwanderung anzugehen. Abfahren sollte man allerdings nicht, bevor man im gemütlichen Gasthof Oswald war.

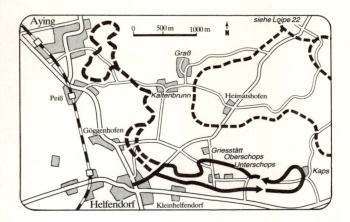

Für Kunstinteressierte bietet Kleinhelfendorf aber auch noch eine Besonderheit: Die aufgrund der sehr schönen Miesbacher Stuckarbeiten und des beachtenswerten Rotmarmoraufsteins unter Kennern als Kleinod bayerischer Dorfkirchen geschätzte Pfarrkirche St. Emmeram (Schlüssel beim Pfarrer). Die nicht weniger wertvolle Marterkapelle besitzt im Innern eine Gruppe mit fast lebensgroßen Holzplastiken.

Die beiden Kirchen sind ein Jubelruf des Barock. Und die Landschaft, durch die die Loipe zieht, ist auch einen Jodler wert: Weite, sanftwellige Wiesen und Felder ruhen unter dem Schnee, auf dem man dahingleitet. Der Blick reicht über die weite Fläche der Wälder, Hügel und Kuppen hinweg in die Ferne zu den Bergen.

Gerade durch die Verbindung von landschaftlichem Reiz und kunstgeschichtlich interessanten Kirchen zählt diese Loipe zu den schönsten des Voralpenlands.

Einkehrmöglichkeit:
Kleinhelfendorf (Gasthaus Oswald), Großhelfendorf (Gasthaus Post)
MVV: S 1 bis Helfendorf
Auskunft über Schneelage:
0 81 04/6 86 oder 0 80 95/12 51
Besonderheit:
Verbindungsmöglichkeit mit der Loipe Glonn
Kleinhelfendorf:
Pfarrkirche St. Emmeram und Marterkapelle mit Darstellung der Marter in fast lebensgroßen Holzplastiken

26

Loipe Kreuzstraße

*Typische Familienloipe an der Südostecke
des Hofoldinger Forsts*

Ausgangspunkt:
Gasthof Kreuzstraße, nördlich von Holzkirchen
Weglänge: 5 bis 8 km
Höhenunterschied: 5 bis 10 m
Karte: 1:50 000, Blatt L 8136 (Holzkirchen)
Schwierigkeitsgrad: leicht

Das wichtigste Haus des kleinen Ortes ist der *Gasthof* mit gleichem Namen. Nicht nur allein wegen seines berühmten Wirts und dessen Knödel, sondern auch weil beim Gasthof der Start der Loipe ist, die vom Forstamt Sauerlach gepflegt wird.

Die Spur zieht erst über freie Wiesen und Ackerflächen, in der Schneise zwischen *Siedlung Kleinkarolinenfeld* (eine Gründung der Königin Karoline von Bayern im Jahr 1802) und dem Forst. Nach einem Rechtsknick dringt die Loipe in den Wald ein, führt einige rechtwinklige Abbiegungen aus und kehrt so zum Start beim *Gasthof Kreuzstraße* zurück. Unterwegs besteht eine Möglichkeit, die Strecke auf 5 km zu kürzen.

Die Loipe Kreuzstraße ist eine für die Familie geschaffene Wanderstrecke, die keine Schwierigkeiten aufweist und, weil sie im Schatten des Waldes liegt, bis lange ins Frühjahr zu benützen ist. Gelegentlich ist dann allerdings auch mit Glatteis zu rechnen. Reizvoll ist bei dieser Loipe, den landschaftlichen Gegensatz von freiem

Foto Seite 59:
St. Andreas in Aying
Fotos Seite 60:
Streckenverlauf der Tutzinger Loipe;
Ayinger Loipenkasse (u.)

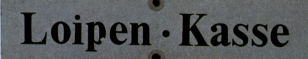

Feld und Wald zu erleben, insbesondere, wenn man mit Blick in die Ferne und später auch im Dämmerlicht des Mischwaldes wandern kann.

Vor allem im Hochwinter sollte man sich manchem Verlangen zum Trotz nicht von der Loipe entfernen und in den Wald eindringen. Das Wild, dessen Heimat und dessen Schutz gerade im schneereichen Winter der Wald ist, sollte nicht unnötig beunruhigt werden.

Für den, dem die 8 km lange Strecke etwas zu kurz war und noch Lust hat, eine andere Strecke zu laufen, bietet sich – dank des 24-Stunden-Tickets des MVV – noch die Möglichkeit, von Helfendorf oder Aying aus noch eine Runde zu drehen, was sich gewiß lohnt, da diese Loipen zu den schönsten im Voralpenland zählen (siehe Routen 24 und 25).

Für Kunstfreunde ist die Pfarrkirche St. Emmeram in Kleinhelfendorf (Schlüssel beim Pfarrer) ebenso interessant, wie die nahegelegene Marterkapelle mit fast lebensgroßen farbigen Holzplastiken.

Einkehrmöglichkeit:
Gasthaus Kreuzstraße
MVV: S1 bis Kreuzstraße
Helfendorf:
Pfarrkirche
St. Emmeram und Marterkapelle mit schönen Holzplastiken

Foto Seite 61:
Im Gleissental
Foto Seite 62:
Loipe von Holzkirchen

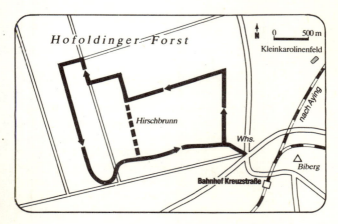

27

Im romantischen Gleissental

Nicht gespurte Skiwanderung durchs Gleissental zum Deininger Weiher

Ausgangspunkt:
Deisenhofen, Eingang des Gleissentals
Weglänge: 18 km
Höhenunterschied:
15 bis 20 m
Karte: 1:50 000,
Blatt L 8134
(Wolfratshausen),
Blatt L 7934
Schwierigkeitsgrad:
mittelschwer

Das romantische Gleissental zwischen Deisenhofen und Geißentalweiher ist eine urbayerische Gegend und heute noch Bauernland.

Die Wanderroute des MVV (grünes Dreieck als Markierung) dient der Skiwanderung nur zu einem Teil, genauer gesagt bis vor Jettenhausen, wo die Skiroute der Windung des Tales folgt.

Obwohl kein Loipendienst besteht, gibt es eigentlich keine Schwierigkeiten, den richtigen Weg zu finden.

Man wandert von *Deisenhofen* aus stets auf der Talsohle, je nachdem auf oder neben dem Fußweg.

Etwa 4 km nach Deisenhofen überquert man die Straße zwischen Öden- und Kreuzpullach. Die Markierung des MVV weist den Weg über die Brücke nach links und wieder rechts weiter auf der Talsohle. Der Wald wird etwas dichter, bis nach etwa 3,5 km die MVV-Markierung das Tal verläßt und links hinauf nach *Jettenhausen* führt. Die Tour geht aber rechts weiter und führt bis zu einer Schranke. Dahinter

schlängelt sich der Weg wie bisher der Talsohle entlang.

Wenn man links ein paar moorige, längliche Tümpel sieht, hat man schon bald die Straße Dingharting–Holzhausen erreicht. Jenseits der Straße dehnt sich der *Deihninger Weiher* aus, in dessen Nähe auch ein Wirtshaus ist.

Als Variante kann die Straße nach *Jettenhausen* hinauf verfolgt, und von dort in einem Bogen zu dem kleinen Ort *Ebertshausen* gewandert werden. Man sollte rechts unterhalb von diesem hübschen Ort bleiben und über die weiten Flächen der Äcker und Wiesen eine Spur legen. Die vorhin schon erwähnte Straße Holzhausen–Dingharting führt dann in das Tal zum *Geißentalweiher* hinab.

Diese Route ist eine Streckenwanderung, so daß man den Rückweg wieder durch das abwechslungsreiche Gleissental nimmt. Es ist ja auch sehr reizvoll, den Gegensatz von Wald, freien Feldern und dem romantischen schluchtartigen Gleissental zu erleben.

Einkehrmöglichkeit:
Deisenhofen,
Geißentalweiher
MVV: S 2, S 27 bis Deisenhofen

Holzkirchen bietet viele Möglichkeiten

Maschinell gepflegte Loipen – gerade recht für Anfänger – mit Anschlußmöglichkeit an die Spur nach Klein- und Großhartpenning

Ausgangspunkt:
Holzkirchen, Münchner Straße, Sportplatz, Ortskern und Abzweigung nach Buch
Weglänge:
10 km ohne Anschlußmöglichkeiten
Höhenunterschied:
25 bis 30 m
Karte: 1:50 000, Blatt L 8136 (Holzkirchen)
Schwierigkeitsgrad: leicht bis mittelschwer

Die Holzkirchener Loipen sind auf den ersten Blick nicht einfach zu übersehen. Die nachfolgend beschriebenen Strecken führen jedenfalls alle zu einem Punkt, dem Anschluß bzw. der Fortsetzung nach Klein- sowie Großhartpenning.

Start 1: Für den Autofahrer, der von Otterfing herkommt, am nördlichen Ortseingang an der *Münchner Straße*. Bei den letzten Häusern des Ortsteils *Haid* zieht eine Spur in Richtung Roggersdorf, wendet dort, führt dann an Winkel vorbei und wieder auf die eigentliche Strecke, die südlich weitergeht.

Start 2: Am *Sportplatz* und der *Dekan-Inninger-Straße*. Für den S-Bahn-Benutzer der kürzeste Weg (5 Minuten). Man überquert vom Bahnhof aus kommend die Münchner Straße und gelangt in die Haidstraße. Der Turm der neuen Kirche kann dabei als vorzügliche Orientierungshilfe benutzt werden.

Start 3: Nahe dem Ortskern an der *Thanner Straße* oder der Straße nach Großpenning.

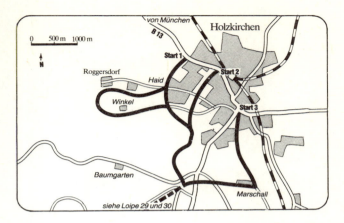

Alle Routen treffen an der Straße nach Buch bzw. Kleinhartpenning zusammen. Hier kann, wer die Route abkürzen will, auch begonnen werden (Parkplätze). Der MVV-Benutzer hat vom Sportplatz aus bis dorthin etwa 3 km mehr zu laufen.

Die Tour geht nun in südlicher Richtung weiter. Bei einem kleinen Schrebergarten überquert man den Weg nach Baumgarten. Nun geht es auf den Wald zu, zwischen Wald und Waldinsel hindurch, um abfahrend die weiterführenden Anschlüsse zu erreichen. Von der Thanner Straße (Eislaufplatz) geht es abwärts, nach 1 km nach rechts und nach einem weiteren Kilometer wieder zum Parkplatz zurück.

Holzkirchen selbst ist auch einen Besuch wert. Das »Tor zum Oberland« ist ein recht schmucker Ort mit prächtigen Bürgerhäusern, von denen manches ein buntes Fresko besitzt.

Auffallen wird gewiß das Rathaus und vor allem der imposante Gasthof Oberbräu. Aber auch die beiden anderen Brauereien sind einen Besuch wert.

Einkehrmöglichkeit:
Holzkirchen (Oberbräu, Neue Post, Gasthof Oberland)
MVV: S 2 bis Holzkirchen
Holzkirchen:
Ein sehr alter Ort mit prächtigen Bürgerhäusern und gemütlichen Brauereigasthöfen inmitten einer sehr schönen Landschaft. In der Baumgartenstraße ist ein Ozon-Hallenbad

29
Holzkirchen – Kleinhartpenning

Eine gepflegte Loipe verspricht genußreiches Wandern in einer zauberhaften Landschaft

Ausgangspunkt: Holzkirchen, Münchner Straße, Ortskern bei der Laurentiuskirche oder Parkplatz bei der Abzweigung nach Buch.
Weglänge: 7,5 bis 10,5 km
Höhenunterschied: 25 bis 30 m
Karte: 1:50 000, Blatt L 8136 (Holzkirchen), Blatt 8134 (Wolfratshausen)
Schwierigkeitsgrad: leicht bis mittelschwer

Die Skirundwanderung nach Kleinhartpenning ist an Wochenenden wie auch unter der Woche das Ziel vieler Skiwanderer und sportlicher Langläufer. Deshalb wird man hier auch nie allein sein und diese Bilderbuchlandschaft in Ruhe genießen können.

Bis auf einige Anstiege und Abfahrten, die jedoch keine sonderlichen Schwierigkeiten verursachen, ist das Gelände vorwiegend eben.

Bei ausreichendem Schnee sind an klaren, kalten Tagen die Landschaftsbilder wirklich zauberhaft: Wechsel zwischen weitem, dunklem Wald, anscheinend verträumten Orten, fernen Hügeln und Bergen im Süden.

Vom Ausgangspunkt hält sich die Spur nahe der Straße zu dem kleinen Weiler Buch, von dem das Sträßchen, das man überschreitet und rechts emporwandernd zurückläßt, links nach Kleinhartpenning abzweigt. Um *Buch* herum macht die Loipe einen Bogen, steigt kurz an und dann bringt eine hübsche, flotte Abfahrt, die man auch links umgehen kann, Schwung und Abwechslung in die Skiwanderung.

Wellig auf und ab, am Waldrand entlang, in südlicher Richtung läuft die Loipe auf das friedliche Bauerndorf *Kleinhartpenning* zu, das gewöhnlich aber rechts liegen bleibt. Hier kommt von rechts auch die Runde von Großhartpenning herüber.

Die Loipe verläuft nun, etwas ansteigend, an dem langgestreckten Hügel entlang, hinter dem sich *Großhartpenning* versteckt. Ein kleines Kapellchen ist nun oberhalb zu sehen.

Nun hält man auf eine Baumreihe zu, deren Zweige bei Schnee sehr bizarr aussehen können. Weiter geht es an der Baum- und Gebüschreihe abwärts, dann durch die anscheinend unendlich flache Weite geradeaus auf den Ausgangspunkt zu, während der MVV-Benutzer noch 3 km vor sich hat.

Es lohnt sich, noch etwas in *Holzkirchen* zu bummeln oder dort in einem der gemütlichen Gasthöfe einzukehren.

Einkehrmöglichkeit: Holzkirchen (Oberbräu, Neue Post, Gasthof Oberland)
MVV: S 2 bis Holzkirchen
Holzkirchen: Sehenswerter Ortskern mit gemütlichen Brauereigasthöfen, Ozon-Hallenbad in der Baumgartenstraße

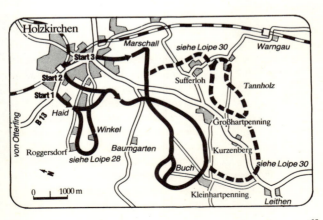

30

Rundwanderloipen bei Großhartpenning

Sehr schöne und leichte Strecken unterschiedlicher Länge mit Ausgangspunkt im Ort und Verlängerungsmöglichkeit nach Holzkirchen

Ausgangspunkt:
Holzkirchen, Bahnhof oder Großhartpenning
Weglänge:
8 bis 16 km
Höhenunterschied:
25 bis 30 m
Karte: 1:50 000, Blatt L 8136 (Holzkirchen), Blatt 8134 (Wolfratshausen)
Schwierigkeitsgrad:
leicht
Einkehrmöglichkeit:
Holzkirchen (Oberbräu, Neue Post, Oberland)
MVV: S 2 bis Holzkirchen

Oft gibt es keine deutliche Spur, die nach *Großhartpenning* führt, aber mit ein bißchen Orientierungssinn besteht keine Schwierigkeit, den richtigen Weg zu finden.

Man muß sich nur auf die weite, glitzernde Fläche Richtung *Sufferloh* wagen, einem kleinen Ort zwischen *Thann* und Großhartpenning. Dort steigt man den Hügel hinauf, fährt jenseits wieder ab, kommt an einem Kapellchen vorbei und trifft auf die Spur eines Rundkurses, der man nun weiter folgt.

Diese Loipen südlich von Großhartpenning bedeuten für viele Skiwanderer und sportliche Langläufer ein Paradies, zumal man, nachdem man die Straße nach Warngau überquerte, sich nicht nur an diese Loipen halten muß, sondern auch einen Ausflug in den Wald, das Tannholz, machen kann. Dann sollte man allerdings schon vorher vom Sommerwandern einige Ortskenntnis besitzen.

Die angelegte Spur läuft an Großhartpenning, das auf dem Hang des Rückens steht, vorüber, und unterhalb des kleinen Weilers *Kurzenberg* am Waldrand des Tannholzes entlang bis die Loipe die Straße nach Sachsenkam–Tölz überschreitet und in einem Bogen nordwärts auf *Asberg* und endlich *Kleinhartpenning* zuführt und so dessen Loipe erreicht.

Die Großhartpenninger Rundkurse laufen am Waldrand und unter dem Ort vorüber und sind 6 bzw. 8 km lang.

Wer die Loipe nach Kleinhartpenning wählt, kommt in die ihm vielleicht schon bekannte Strecke, die zum Ausgangspunkt zwischen Holzkirchen und Großhartpenning zurückführt. Damit hat man als MVV-Benutzer eine großartige Wanderung hinter sich. Wer noch nicht genug hat, kann ja noch das Teilstück Kleinhartpenning–Buch, gespickt mit Aufstiegen und Abfahrten, anschließen.

Es gibt natürlich auch die Möglichkeit, beim Bahnhof in *Warngau* zu starten, und über schmale Wege durchs Moos und über bucklige Waldwege auf die Großhartpenninger Loipe zu stoßen (2,5 km).

Großhartpenning: wurde schon früh besiedelt. Die spätgotische Pfarrkirche Mariä Heimsuchung sollte man sich ansehen

Holzkirchen: Ortskern, Rathaus, Brauereigasthöfe, Ozon-Hallenbad in der Baumgartenstraße

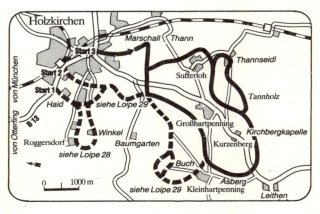

31
Durch das Ellbach-Moor nach Kloster Reutberg

Lange Rundwanderung durch Naturschutzgebiete – eine der schönsten Skiwanderungen Deutschlands

Ausgangspunkt:
Bad Tölz, Parkplatz beim Freibad Eichmühle (Ausfahrt Holzkirchen)
Weglänge:
6 bis 17 km
Höhenunterschied:
35 bis 40 m
Karte: 1:50 000, Blatt L 8334 (Bad Tölz)
Schwierigkeitsgrad:
mittelschwer
Einkehrmöglichkeit:
Bad Tölz
MVV: S 2 bis Holzkirchen und DB München–Lenggries bis Tölz

Die Langlaufloipe zum Kloster Reutberg wird als eine der schönsten Skiwanderrouten Deutschlands gepriesen.

Sie beginnt am nördlichen Ortsrand von *Bad Tölz,* beim Großparkplatz des städtischen *Freibads Eichmühle.*

Dorthin gelangt man vom Bahnhof durch die Eichmühlstraße. Die Loipe zieht nordöstlich durch lichtes Gehölz und am Westrand des unter Naturschutz stehenden Ellbachmoores. Der Ort *Ellbach* liegt links oben, während der Wanderweg sich nördlich weiterbewegt und eine längere Steigung bewältigt.

In weitem Bogen nach Nordosten erreicht man *Kirchseemoor,* das ebenfalls unter Naturschutz steht. Bei der Straße Kirchbichl–Sachsenkam ist eine Abzweigung, der man auf östlich verlaufender Loipe zur *Eichmühle* zurück folgen kann.

Zum *Kloster Reutberg* hin kreuzt die Spur die genannte Straße und zieht durch landschaftlich sehr reizvolles *Naturschutzgebiet Kirchsee-Filzen* zur Straße Sachsenkam–Kirchsee.

Der Skiwanderer zieht westlich am Franziskanerinnen-Kloster vorbei und wendet vor dem *Neuweiher* in südwestlicher Richtung durch leicht hügeliges Gelände nach Tölz zurück. Landschaftsbilder von hohem Reiz prägen den Weiterweg zum *Kirchseemoor* auf der östlichen Loipe, die nach Eichmühle zurückführt.

Bad Tölz ist ein Ort, von dem man gewiß etwas mehr wissen sollte. Auf Anforderung erhält man bei der städtischen Kurverwaltung einen kleinen »Führer durch eine gastliche Stadt«. Schon jetzt seien hier auf einige Sehenswürdigkeiten hingewiesen: Da sind vor allem die beachtenswerten Lüftlmalereien an den Patrizierhäusern, dann schöne Brunnen und verschiedene alte, mit Treppenaufgängen und balkonartigen Vorbauten ausgestattete Häuser im Ortsteil Gries. Außerdem die sehr schönen Kirchen Mariä Himmelfahrt, die Franziskanerkirche, im Nordosten die Wallfahrtskirche Maria Hilf und schließlich die Kalvarienbergkirche. Sehr umfangreich ist das Heimatmuseum.

Kloster Reutberg:
Franziskanerinnenkloster aus dem 17. Jahrhundert, beachtenswert ist eine Apotheke von 1688
Bad Tölz:
Lüftlmalereien an den Patrizierhäusern und die Kirchen: Pfarrkirche Mariä Himmelfahrt, Franziskanerkirche, Wallfahrtskirche Maria Hilf, Kalvarienbergkirche, Heimatmuseum und Jodquelle

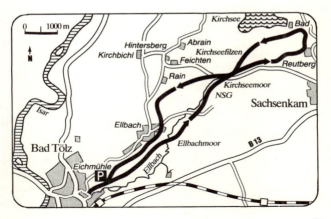

32

Zwei weitere Wanderungen bei Bad Tölz

*Gaißacher Loipe und Skiwanderweg Wackersberger Höhe
sind leicht zu bewältigen,
denn sie führen meist über flaches Gelände*

Ausgangspunkt:
Gaißach, Mühle und Bad Tölz, Café Forsthaus
Weglänge:
8 bzw. 21 km
Höhenunterschied:
10 bis 20 m
Karte: 1:50 000, Blatt L 8334 (Bad Tölz)
Schwierigkeitsgrad:
leicht

Beide gespurten Loipen sind sehr reizvoll, gehen meist durch flaches Gelände und sind von mehreren Ausgangspunkten erreichbar. Hervorzuheben ist der Rundwanderkurs *Gaißach-Mühle* über die *Altenloher-* und *Hochfilzen*. Die Strecke führt zum Ausgangspunkt zurück bzw. zur Zubringerloipe Mühle–Hauptstrecke Greilinger Ötz–Lenggries, die insgesamt 22 km lang ist (hin und zurück). Sie ist deshalb nur guten, ausdauernden Skiwanderern anzuraten, obwohl die Strecke durch vorwiegend flaches, teils von Niederwuchs durchsetztes Moorgelände führt.

Die Loipe verläuft am Fuße eines Bergrückens dahin und überschreitet ein paar kleine Wasserläufe, unter anderem auch die Gaisach.

Natürlich lassen sich die einzelnen Loipen, wie aus der Kartenskizze ersichtlich ist, ziemlich variieren. So kann, wer mag, von *Gaißach-Mühle* gleich nach *Lenggries* wandern, ohne die Schleife der Rundwanderung einzubeziehen, die vorher beschrieben wurde.

Der Skiwanderweg *Wackersberger Höhe* ist im Grunde nur etwas für Autofahrer, weil der Weg zu seinem Anfang an der Straße Tölz–Wackersberg jenseits der Isar beim Forsthaus für MVV-Benutzer etwas schlecht zu erreichen ist.

Start ist wie erwähnt am *Café Forsthaus*. Weiter geht es über hügeliges Gelände, die Straße Wackersberg–Quellenwirt querend, auf den Hügel bei der Pestkapelle zu, die aber links zurückbleibt. Nach etwa 800 Metern erreicht man die Gaststätte Waldherralm. Hier bietet es sich an, eine kleine Pause zu machen.

Von hier aus hat man die Möglichkeit, noch bis zum Campingplatz *Arzbach* weiterzulaufen, was dann eine Strecke von insgesamt 21 km bedeuten würde. In Arzbach besteht ein Anschluß an die Loipe Lenggries.

Wer nur wenig laufen will, kann den 5 km langen Rundkurs Forsthaus–Wackersberg nehmen, eine Strecke, die im allgemeinen als Rückweg von *Waldherralm* genommen wird.

Einkehrmöglichkeit:
Gaißach-Mühle, Gaststätte Waldherralm
DB: München-Tölz

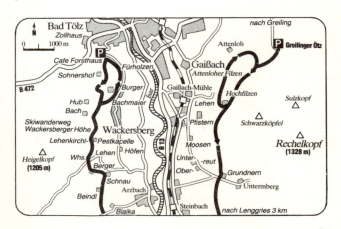

33

Die kleine Runde bei Dietramszell

Eine Strecke, die wegen ihrer Beliebtheit auch ziemlich überlaufen ist

Ausgangspunkt:
Dietramszell oder
St. Leonhard
(Parkplatz)
Weglänge: 8 km
Höhenunterschied:
25 bis 30 m
Karte: 1:50 000,
Blatt L 8134
(Wolfratshausen)
Schwierigkeitsgrad:
leicht

Sehr beliebt bei Skiwanderern und Langläufern ist die Gegend um Bad Tölz. So ist auch die Dietramszeller Loipe an Wochenenden ziemlich überlaufen. Da die Loipe mit dem MVV schlechter zu erreichen ist, kommen dort vorwiegend Autofahrer hin, so daß die Parkplätze früh belegt sind. Dies gilt besonders für den Ausgangspunkt bei der *St. Leonhardkapelle*.

Wer am Wochenende kommt, muß also früh aufstehen. Besser ist es natürlich, wenn man die Loipe unter der Woche aufsuchen kann, um so in den Genuß der schönen Landschaft zu kommen.

Für MVV-Benutzer beginnt die Loipe in Dietramszell und führt zunächst zu der etwa 2 km entfernten Kapelle *St. Leonhard*. Eine Besichtigung der idyllisch gelegenen Kapelle sollte sich keiner entgehen lassen.

Von dort führt die Loipe teilweise durch den Wald, teilweise über lichtes Gelände und zieht dann langsam ansteigend Richtung *Humbach,* wobei die Loipe Harmating–Dietramszell gekreuzt wird.

Weiter geht es an Humbach im Bogen

vorbei Richtung *Thankirchen* (Abfahrten) und je nach Ausgangspunkt nach *Dietramszell* oder zur Kapelle St. Leonhard zurück.

Bevor man diese Gegend wieder verläßt, sollte man nicht versäumen, die Klosterkirche von Dietramszell zu besuchen. Die ehemalige Augustinerchorherren-Stiftskirche zählt zu den bedeutendsten Barockkirchen Oberbayerns.

An ihrer Stelle gründete 1098 der Tegernseer Mönch Dietram eine Kapelle, von der aus sich das Kloster entwickelte. Die Klosterkirche wurde Mitte des 18. Jahrhunderts gebaut. Außen ist die Kirche zwar nahezu schmucklos, doch im Innern wurde sie prächtig ausgestattet. Muschelförmige Ornamente (Rocaillen), Bandwerk und pflanzliche Motive kennzeichnen die Stuckarbeiten, helle leuchtende Farben die Fresken. Schöpfer dieser Pracht ist der bekannte Münchener Hofbildhauer J. B. Zimmermann, der auch als Maler hier wirkte: er schuf die Himmelfahrt Mariens am Hochaltar.

Einkehrmöglichkeit:
Dietramszell (Schloßschänke, Gasthof Moser)
MVV: S 7 bis Höllriegelskreuth, Bus 217 bis Dietramszell
Dietramszell:
Ehemalige Augustinerchorherren-Stiftskirche mit wertvollen Arbeiten von J. B. Zimmermann und Wallfahrtskirche St. Leonhard im Zeichen des Rokoko

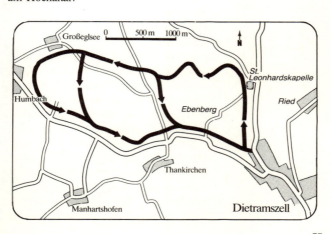

34

Von Dietramszell nach Schallkofen

Flache Filzgebiete und Waldstücke wechseln mit längeren Anstiegen und Abfahrten über freie, hügelige Felder

Ausgangspunkt: St. Leonhard bei Dietramszell
Weglänge: 14 km
Höhenunterschied: 25 bis 30 m
Karte: 1:50 000, Blatt L 8134 (Wolfratshausen)
Schwierigkeitsgrad: mittelschwer
Einkehrmöglichkeit: Dietramszell (Schloßschenke, Gasthof Moser)

Fotos Seite 79: Blick auf Brandenberg (o.); Loipe bei Dietramszell (u.)

Der Abschnitt der Wanderloipe Dietramszell–Harmating–Schallkofen ist identisch mit dem des 8-km-Rundkurses bis kurz vor *Humbach,* biegt jedoch bei der Kreuzung vor diesem Ort rechts ab.

In breiter, maschinell gepflegter Spur geht es weiter über weite Hügelrücken, überquert die Straße nach *Föggenbeuren,* um in einer hübschen, langgezogenen Abfahrt an *Höching* und *Oed* vorüber – die Weiler sind rechts am Hang ebenso wie eine kleine Feldkapelle – im Wald zu verschwinden.

Gleich darauf ist man wieder in ebenem Moorgelände und erblickt voraus eine reizvolle Kapelle und hinter hohen Bäumen einen mächtigen Dachfirst. Es ist die Kapelle *St. Leonhard* und das *Schloß Harmating.* Die Spur zieht wohl in einiger Entfernung vorher vorüber, man sollte aber doch die paar Meter nicht scheuen, um sich etwas umzusehen, bevor man an *Goldkofen* vorbei weiterläuft. Es folgt eine längere, erst flache, dann rasanter werdende Abfahrt in eine Mulde hinab und

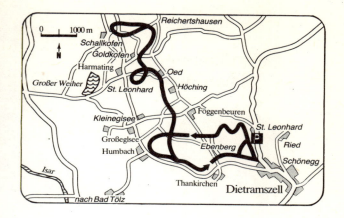

zur Straße von *Reichertshausen* nach *Schallkofen,* das etwa 1 km entfernt ebenso als Ausgangsort genommen werden kann. Dies gilt insbesondere für den Autofahrer, der von hier aus die nach Nordwesten führende Loipe über *Moosham* nach *Thanning* und *Egling* laufen kann.

Wer die lange Strecke von Dietramszell nach Schallkofen und zurück gelaufen ist (etwa 14 km), der wird sich nach einem guten bayerischen Essen sehnen. Hier laden zur Einkehr die Schloßschänke und der Gasthof Moser.

Für den Kunstinteressierten bietet *Dietramszell* in der Klosterkirche einen der weit bekannt gewordenen Höhepunkte bayerischer Barockkunst.

Im 12. Jahrhundert hatte der Tegernseer Mönch Dietram an gleicher Stelle eine Kapelle gegründet. Das Äußere der heutigen Kirche (1729–41 gebaut) steht in keinem Verhältnis zur reichen Innenausstattung, wobei die Stuckarbeiten und Fresken von J.B. Zimmermann den Rang der Kirche ausmachen.

MVV: S 7 bis Höllriegelskreuth, Bus 271 bis Dietramszell
Dietramszell: Ehemalige Augustinerchorherren-Stiftskirche mit sehr schönen Stuckarbeiten und Fresken von J. B. Zimmermann, Wallfahrtskirche St. Leonhard
Harmating: Leonhardskapelle, Schloß aus dem 15. Jahrhundert

Foto Seite 80/81: Das einladende Gasthaus zur Post in Schäftlarn
Foto Seite 82: Winterlandschaft bei Harmating

35
Schallkofen–Moosham–Thanning–Egling

Leichte und gepflegte Strecke, die an die Dietramszeller Loipe anschließt

Ausgangspunkt:
Schallkofen oder Moosham
Weglänge:
8 bis 9 km
Höhenunterschied:
20 bis 30 m
Karte: 1:50 000, Blatt L 8134 (Wolfratshausen)
Schwierigkeitsgrad: leicht
Einkehrmöglichkeit: Moosham, Egling
MVV: S 7 bis Höllriegelskreuth, Bus 271 bis Schallkofen

Wer genügend Kondition hat, sollte einmal die Strecke Egling–Dietramszell und zurück mit über 26 km erwandern.

Wer dies nicht schafft, kann ja auch eine Strecke mit dem Bus fahren.

Die Rundwanderung von *Schallkofen* ist jedenfalls sehr gepflegt und leicht zu bewältigen.

Die Strecke führt durch Waldstücke, über Moosgebiete und leicht gewölbte Felder und Wiesen und kann somit auch von weniger geübten Skiwanderern ausprobiert werden.

Von Schallkofen geht es zunächst über flache Felder nach *Moosham,* dann durch ein Waldstück. Weiter führt die Loipe am östlichen Ufer des *Mooshamer Weihers* durch schilfiges Gelände genau nach Norden, um auf die Straße Egling–Moosham zu treffen. Hier besteht auch eine Parkmöglichkeit.

Jenseits dieser Straße folgt man leicht hügeligen Feldern, um die Höhe westlich von *Thanning* zu erreichen.

Von hier gleitet man abwärts und biegt

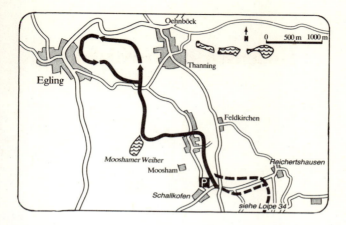

nach 1 km links ab. Etwas wellig ist das Gelände nun bis zur Anhöhe östlich von Egling.

Die kurze Abfahrt nach *Egling* läßt man die Ski schon mal laufen, um dann in einem Bogen an die Schulgebäude heranzukommen.

In der Nähe der Schule befindet sich auch der Einstieg in die Rundwanderung von bzw. nach Moosham/Schallkofen.

Von Egling steigt die Loipe etwas steil auf die Höhe an, wo man von dem herrlichen Blick ins Isartal und auf die Werdenfelser Berge hinter Geretsried überrascht wird.

Eine flotte Abfahrt bringt uns zu der vorher erwähnten Straße zurück und jenseits auf dem Herweg, am Weiher vorüber, durch lichtes Buschwerk, Wald und über hügelige Felder nach *Moosham* bzw. *Schallkofen* zurück.

Beachten sollte man auf jeden Fall die Bitte um Spenden, denn der SC Moosham gibt sich mit der Loipenpflege sehr große Mühe.

Bemerkenswert:
Der RVO (Regionalverkehr Oberbayern) unterhält die Buslinie 9552 München (Hbf.)–Grünwald–Egling–Bad Tölz

Sehenswert:
Die Gegend wurde früh besiedelt: Harmating wird schon 1140 als Burg »Hadmaringen« genannt, Thanning wurde 799, Egling 795 erwähnt.

Ascholding:
Besitzt ein Hallenbad

Hohenschäftlarn–Neufahrn

Rundkurs ohne nennenswerte Schwierigkeiten. Schneesicherheit durch die Nähe am Waldrand

Ausgangspunkt:
Ortsanfang von Neufahrn oder Hohenschäftlarn
Weglänge: 6 km
Höhenunterschied: 10 bis 15 m
Karte: 1:50 000, Blatt L 8134 (Wolfratshausen), Blatt L 7934 (München)
Schwierigkeitsgrad: leicht

Wer die Ickinger Loipen über die Moränenhügel zwischen Isartal und Starnberger See schon kennt, sollte einmal die Neufahrner Loipe ausprobieren, insbesondere da diese durch ihre schattige Lage sehr schneesicher ist.

In dem nur sanft gewellten Gelände gibt es keine Schwierigkeiten. Bei guter Schneelage wird die Strecke gespurt, so daß die 6 km lange Loipe eine angenehme Skiwanderung verspricht.

Die Loipe beginnt an der *Zeller Straße*, nahe der E 6 München–Garmisch und verläuft westlich um *Neufahrn* auf die im Norden gelegene Ortschaft *Fercha* zu, wendet und führt parallel zum Ausgangspunkt zurück.

MVV-Benutzer haben insgesamt noch 4 km mehr Strecke, da sie in *Hohenschäftlarn* beginnen (Abfahrt bzw. Anstieg).

Eine Besichtigung des sehr reizvoll gelegenen Hohenschäftlarn mit der Kirche St. Georg lohnt sich. Auf keinen Fall versäumen sollte man, die Klosterkirche St. Dionys und St. Juliana zu besichtigen.

Im 8. Jahrhundert hatte der Adelige und Priester Waltrich hier ein Benediktinerkloster errichtet. 1140 wurde das Kloster Prämonstratenserpropstei und Ende des 16. Jahrhunderts zur Abtei erhoben. 100 Jahre später wurde das Kloster unter der Bauleitung von G. A. Viscardis neu errichtet. Die gotische Kirche wurde ebenfalls abgebrochen und wieder aufgebaut. 1866 wurde das Kloster wieder den Benediktinern übergeben, die heute eine Internatsschule unterhalten. Die Deckengemälde und Stuckarbeiten schuf 1756 J. B. Zimmermann, Altäre, Kanzel und das Chorgestühl stammen von J. B. Straub, die Altarblätter malte B. A. Albrecht. All diese berühmten Namen gewährleisteten einen in Aufbau, Kunstfertigkeit und Wirkung perfekt gelungenen Bau.

Bestechend ist die Harmonie von breitem, überkuppeltem, in klarer Raumfolge angelegtem Langhaus mit Seitenkapellen, dem hufeisenförmig angelegten Chor mit kreisrunden Fenstern und den mit korinthischen Kapitellen geschmückten Pfeilern.

Einkehrmöglichkeit:
Schäftlarn (Klosterbräu, Gasthof Post, Ratskeller)
MVV: S 7 bis Hohenschäftlarn
Hohenschäftlarn:
Ehemaliges Benediktinerkloster, Klosterkirche St. Dionys und St. Juliana mit Werken von
J. B. Zimmermann,
J. B. Straub,
A. Albrecht und
J. M. Fischer

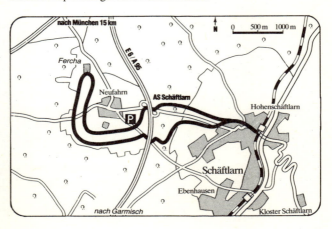

37
Loipe bei Geretsried

Rundwanderung, die keine hohen Ansprüche an technisches Können stellt

Ausgangspunkt: Jenseits der B 11, am Westrand von Geretsried-Gartenberg
Weglänge: 10 km
Höhenunterschied: 15 bis 20 m
Karte: 1:50 000, Blatt L 8134 (Wolfratshausen)
Schwierigkeitsgrad: leicht
Einkehrmöglichkeit: Geretsried

Die Langlaufloipe von Geretsried ist nicht zu verfehlen: Schon auf der B 11 weist ein Schild den Autofahrer auf die Strecke hin.

Die Rundwanderung ist angelegt und wird ständig gut in Stand gehalten. Allerdings ist es auch hier so wie bei vielen anderen Loipen, daß die Strecke nicht immer so wie angegeben verläuft.

So muß man je nach Schneelage damit rechnen, daß Start und Ziel abweichen können. Der erste Kilometer verläuft völlig eben, eine Straße ist vorsichtig zu überqueren, dann hat man freien Lauf bis zu einer kurzen Steigung. Danach wird es etwas hügelig und waldig, später wieder flach und frei in hübscher Moorlandschaft. Günstiger ist, die Loipe so zu laufen, daß man die Runde rechts angeht. So bleibt einem einiges an Steigungen erspart.

Beim *Bibisee* macht man einen Bogen, so daß der *Segelflugplatz* südlich zurück bleibt. Vor dem Campingplatz befindet sich die Anlage des Polizei- und Schutzhundevereins.

Nördlich davon läuft man flach auf den

Wald zu, bleibt aber in lichter Moorlandschaft am Waldrand. Nach einem kurzen Anstieg ist man im Wald und bleibt immer in Sichtweite der Loipe, die man schon kennt.

Eine kurze Abfahrt sollte man schon mitnehmen, bevor es wieder topfeben über die Straße von Geretsried nach *Schwaigwall* hinweg zum Ausgangspunkt zurück geht. Wer noch nicht müde ist, kann von hier aus parallel der B 11 nach *Wolfratshausen* laufen.

Beinahe nahtlos geht die moderne Industrielandschaft bei *Geretsried* über in die Landschaft der Naturschutzgebiete. So tritt man auch beinahe beiläufig über die B 11 hinweg in eine sehr ursprüngliche Landschaft ein. Wald und Moorlandschaft prägen das Bild.

Der bescheidene, achteckige Zentralbau der Kapelle St. Nikolaus in Geretsried besitzt einen sehr schönen, sehenswerten Altar von 1720 mit neuerem Gemälde und ist der Kapelle Maria Elend bei Dietramszell sehr ähnlich.

MVV: S 7 bis Wolfratshausen, Bus 371 bis Geretsried-Gartenberg
Auskunft über Schneelage:
Sporthaus Utzinger, Geretsried:
0 81 71/6 10 40
Geretsried:
Nahm seine Entwicklung erst nach dem 2. Weltkrieg durch den Zuzug von Heimatvertriebenen

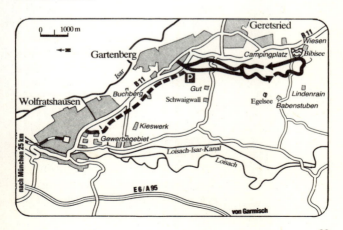

38

Ickinger Loipe

*Eine Skiwanderloipe mit Variationsmöglichkeiten und
großartigen Ausblicken zu den bayerischen Bergen*

Ausgangspunkt:
Walchstadt, südwestlich von Icking, Parkplätze
Weglänge: bis 12 km
Höhenunterschied:
25 bis 30 m
Karte: 1:50 000, Blatt L 8134 (Wolfratshausen)
Schwierigkeitsgrad:
mittelschwer

Die Loipen von Icking ziehen über die weiten, sanft geschwungenen Höhenrücken über dem Isartal auf Wolfratshausen zu, das man allerdings nicht sieht, sondern nur durch den Wald manchmal hören kann.

Im allgemeinen kann man sich nicht verlaufen, es sei denn ein dichtes Schneetreiben erschwert plötzlich die Sicht. Da der Wind hier frei über die Höhen hinweg weht, sind die Spuren auch oft verweht.

Abgesehen von der Skiwanderung ist bei der Ickinger Loipe die Aussicht bemerkenswert. Man sieht vom herausragenden Wendelstein bis zur gewaltigen Kulisse der Zugspitze, erkennt die Benediktenwand und die Höhen am Ostufer des Starnberger Sees.

Die Loipe zieht ausschließlich über freie Äcker und Wiesen, einige Male am Waldrand entlang und beginnt in Walchstadt, südwestlich von Icking. Ortschaften werden von dieser Loipe nicht berührt, man muß lediglich ein paar Mal die Straße überqueren.

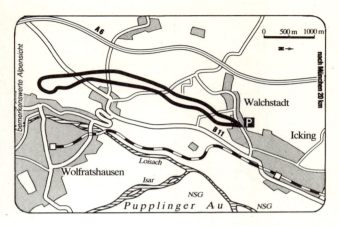

Der Ort *Icking* gehörte 806 zum Kloster Schäftlarn. Im 12. Jahrhundert bestand dort schon die Heilig-Kreuz-Kirche, die im 16. Jahrhundert neu gebaut wurde. Was heute zu sehen ist, stammt aus dem 19. Jahrhundert.

Im nahen *Wolfratshausen* stellt die Friedhofskirche ein Kleinod frühbarocker Baukunst dar. Wer sich für die Geschichte dieses Ortes interessiert, kann sich im Heimatmuseum informieren. Bekannt ist Wolfratshausen für die alljährlich um Christi Himmelfahrt stattfindende Volksfestwoche und für das größte zusammenhängende Naturschutzgebiet Europas jenseits der Isar: die Pupplinger Au. Im Sommer sind die Floßfahrten auf der Isar für Fremde und Einheimische eine Attraktion.

Kunstinteressierte benützen sicher noch die Gelegenheit, zum Kloster *Hohenschäftlarn* zu fahren. Prächtig ist die Ausstattung der Kirche mit Deckengemälden und Stuckarbeiten von J. B. Zimmermann. Die Altäre stammen von dem ebenso bekannten Künstler J. B. Straub.

Einkehrmöglichkeit:
Walchstadt (Walchstädter Höhe), Icking (Gasthof Ost)
MVV: S 7 bis Icking, vom Bahnhof über die Bahnlinie, den Wenzberg empor, Ludwig-Dürr-Str. nach links weiter zur Walchstätter Straße
Sehenswert:
Nahegelegenes Kloster Schäftlarn und Friedhofskirche in Wolfratshausen

Stockdorf – Forsthaus Kasten

Eine einfache Wanderung für die ganze Familie

Ausgangspunkt: Stockdorf oder Forsthaus Kasten
Weglänge: 4 bis 14 km
Höhenunterschied: 10 bis 15 m
Karte: 1:50 000, Blatt L 7934 (München)
Schwierigkeitsgrad: leicht
Einkehrmöglichkeit: Forsthaus Kasten
MVV: S 6 bis Stockdorf, 1 km Fußweg (Bahnstr., Heimpl., Baierpl., Forst Kastenstr. bis zum Wald)

Es ist eine sehr hübsche Wanderung, die man von *Stockdorf* aus zum *Gasthaus Forst Kasten* machen kann. Sie führt ohne Schwierigkeiten und beschaulich mitten durch den Wald, einem Teil des *Forstenrieder Parks,* der eines der großen zusammenhängenden Waldgebiete um die Landeshauptstadt herum darstellt.

Der Park ist für viele ein ausgezeichnetes Erholungsgebiet und, seitdem der Langlauf so viel Freunde fand, auch im Winter sehr beliebt.

Autofahrer verzichten oft auf die Strecke von Stockdorf bis zum Forsthaus und beginnen erst dort ihre Skiwanderung (Parkplätze sind vorhanden).

Wem die Loipe um das Forsthaus herum zu wenig bietet, kann seine Skiwanderung sehr gut ausdehnen.

Sehr schön ist die Strecke zur Lichtung *Buchendorf*. Man verläßt das Forsthaus in Richtung Süden, überquert die Straße Gauting–Neuried, und schlägt den Weg zur *Preysingsäule* ein, die man nach etwa 1 km passiert. Kurz danach geht es nach

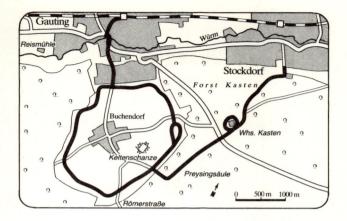

rechts in Richtung Buchendorf. Beim Betreten der Lichtung kann man sich entweder nach rechts oder links wenden und am Wald entlang laufen, vom Austritt aus dem Forst sind es hin- und zurück etwa 8 km. Man kann natürlich auch von der Rundstrecke abzweigen und die 2 km nach *Gauting* gehen.

Versäumen sollte man auf jeden Fall nicht, sich im Nordosten von Buchendorf die sagenhafte Keltenschanze an der ehemaligen Römerstraße anzusehen.

Wer sich entschlossen hat, seine Wanderung in *Gauting* zu beenden, hat vielleicht noch Lust, sich die katholische Frauenkirche anzusehen, die eine reiche Ausstattung besitzt.

Wanderer, die beim Forsthaus geparkt haben, werden es sich nach dieser reizvollen Tour nicht nehmen lassen, dort noch einzukehren.

Es empfiehlt sich, für jeden ortsunkundigen Wanderer, eine Karte mitzunehmen, da man sich auf den einsamen Wegen im Forst leicht verirren kann.

Bemerkenswert:
Der Naturlehrpfad wird auch in der kalten Jahreszeit manchen interessieren. Das Forsthaus gehört seit dem 14. Jahrhundert dem Heiliggeistspital in München. Heute ist es zu jeder Jahreszeit eine beliebte Einkehrmöglichkeit nach langen Wanderungen

40

Skiwandern im Kreuzlinger Forst

Wallfahrt für Leib und Seele zu Heide-Volm und Maria Eich

Ausgangspunkt:
Bahnhof Planegg
oder Wallfahrts-
kirche Maria Eich
Weglänge:
7 oder 13 km
Höhenunterschied:
15 bis 30 m
Karte: 1:50 000, Blatt
L 7934 (München)
Schwierigkeitsgrad:
leicht
Einkehrmöglichkeit:
Planegg (Heide-
Holm, Zur Eiche),
Gauting (Gasthof
zum Bären, Gasthof
zur Post)
MVV: S 6 bis Planegg

Zu den häufig besuchten, gespurten Skiwanderstrecken im Kreuzlinger Forst sind es vom *Bahnhof Planegg* nur einige Minuten. Bei guter Schneelage kann man gleich nach der Unterführung beim Kinderspielplatz seine Ski anschnallen. Falls dies nicht möglich ist, geht man noch ein Stück in Richtung *Wallfahrtskapelle Maria Eich*. Ab dort führt ein breiter Waldweg zum Meisenweg nach *Krailling* und zur Pentenrieder Straße. Hier besteht für Autofahrer auch eine Parkmöglichkeit. Hier beginnt die kleine Runde um eine kleine Lichtung. In der nördlichen Ecke gelangt man in der Nähe des Sanatoriums über einen Weg zu einer zweiten Waldwiese, die man umrundet und zum Ausgangspunkt zurückkehrt.

Wenn man als MVV-Benutzer unterwegs ist, bietet es sich an, über *Pentenried* nach *Gauting* zu wandern.

Man verfolgt den Weg, der von der Pentenrieder Straße an der ersten Wiese und an ihrem Südrand entlang läuft und dann in den Wald führt, in südwestlicher Richtung etwa 1,5 km. Nun biegt man im rechten Winkel nach Nordwesten ab (früher Kleinbahngeleise), und wandert 800 Meter geradeaus, um kurz vor der Straße nach Germering erneut nach links einzuschwenken.

Weiter geht es nur 300 Meter über die Straße hinweg, dann rechts einem schmalen Weg folgend in westlicher Richtung etwa 750 Meter weit (rechts steht unterwegs ein Wasserhaus), bis man auf den breiten Weg von Gauting zur Pentenrieder Straße stößt. Ihm geht man 200 Meter nach, dann aber 100 Meter vor der Straße zu ihr parallel Richtung *Pentenried* und damit auch auf die Römerstraße zu, die vom Forstenrieder Park herüber zieht. Vom Waldrand aus geht es für einen Abstecher nach *Pentenried* oder direkt an der Römerstraße entlang nach *Gauting* bzw. an Gauting vorbei über *Krailling* wieder zurück zur *Kapelle Maria Eich*.

In der alten Kapelle sollte man sich den Hochaltar ansehen, dem der Münchener Künstler J. B. Straub 1746 einen strahlenden Rahmen für das Gnadenbild schuf.

Bemerkenswert:
Die kurze Route kann sehr gut bis auf eine Strecke von 13 km verlängert werden (Ziel in Gauting oder Maria Eich). Eine Karte ist dann aber unbedingt erforderlich

Sehenswert:
Wallfahrtskirche Maria Eich nördlich von Planegg mit Marienkrönung von J. B. Straub sowie Schloß Planegg aus dem 15. Jahrhundert

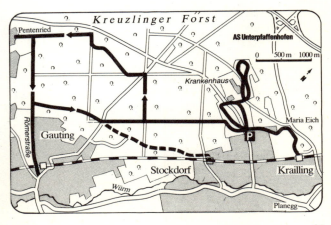

41

Rund um Buchendorf

Typische Familienloipe über ebene Wiesen und Ackerflächen

Ausgangspunkt: Ortsausgang von Gauting bei der Straße nach Buchendorf, Parkplätze
Weglänge: 10 km
Höhenunterschied: 15 bis 20 m
Karte: 1:50 000, Blatt L 7934 (München)
Schwierigkeitsgrad: leicht
Einkehrmöglichkeit: Buchendorf, Gauting, Gasthaus Forst Kasten
MVV: S6 bis Gauting, vom Bahnhof in 15 Minuten zum Start

Im Südosten von Gauting liegt der Ort *Buchendorf* wie in einer Insel in der weiten Fläche des Forstenrieder Waldes. Die Loipe beginnt an der Straße nach Buchendorf und zieht sofort nach rechts auf den nahen Waldrand zu. Nahezu im Kreis verläuft die Strecke um Buchendorf herum immer am Waldrand entlang über Wiesen und Ackerflächen wieder zum Ausgangspunkt zurück. Das letzte Stück ist oft nicht mehr gespurt. Eine sehr schöne Erweiterung erhält die Wanderung durch einen Abstecher in den Ort Buchendorf oder in das etwa 2 km entfernt gelegene *Gasthaus Forst Kasten*. Ein beliebter Treffpunkt der Wanderer im Sommer und Winter.

Auch in *Buchendorf* gibt es Einkehrmöglichkeiten, die gerade für Familien genau das Richtige sind. Für Kunstinteressierte bietet die ursprünglich spätgotische Kirche St. Michael die Altarfigur des heiligen Michael von J. B. Straub (ca. 1740) und die im Nordosten des Dorfes gelegene Keltenschanze eine attraktive Abwechslung.

Gauting hat mit der engen Bindung an die Großstadt München viel von seinem ursprünglich ländlichen Charakter verloren.

Bei einem Spaziergang durch den Ort wird man viel von dessen Lebendigkeit spüren. Auch in Gauting hat der Münchener Hofbildhauer Straub seine Spuren hinterlassen, man vermutet jedenfalls, daß die Seitenaltäre in der katholischen Frauenkirche von ihm geschaffen wurden.

Daß die Landschaft bei Gauting schon früh besiedelt wurde, wurde schon bei der Keltenschanze deutlich. Später zog es die Römer in diese Gegend. Römerstraße und die ehemalige Siedlung Bratananium an den Ufern der Würm sind einige Anhaltspunkte dafür. Dort gründeten dann auch im 7. Jahrhundert die Bajuwaren eine Siedlung. Der Legende nach soll schließlich der Kaiser des Frankenreichs, Karl der Große, südlich von Gauting in der Reismühle, einst Reichsmühle, geboren sein. Heute erinnert noch die Pippinstraße an den Vater des Kaisers.

Buchendorf:
Spätgotische Kirche St. Michael mit Patronsfigur von J. B. Straub. Im NO Keltenschanze und Römerstraße

Gauting:
Katholische Frauenkirche mit sehenswertem Hochaltar und Seitenaltar von J. B. Straub. Im Süden, der Ortsteil Reismühle, einst Reichsmühle. Hier soll der Geburtsort von Karl dem Großen sein

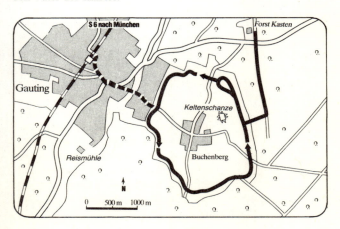

42

In der Umgebung des Gestüts Leutstetten

*Leichte, unmarkierte Strecke mit zahlreichen
Variationsmöglichkeiten*

Ausgangspunkt:
Würmbrücke an der Straße Starnberg – Gauting
Weglänge: 6 km
Höhenunterschied: 30 bis 35 m
Karte: 1:50 000, Blatt L 7934 (München)
Schwierigkeitsgrad: leicht
Einkehrmöglichkeit: Leutstetten oder Wirtshaus Obermühltal
MVV: S 6 bis Mühltal

Foto Seite 99:
Hochaltar der Pfarrkirche St. Joseph in Starnberg
Foto Seite 100/101:
In der Ickinger Loipe

Vom Bahnhof geht man durch die Unterführung das Sträßchen ins Würmtal hinab. Jenseits der Brücke und der Straße nach Leutstetten steigt man wieder empor zum freien Gelände des Gestüts *Leutstetten* dessen Koppeln rechts am Hang liegen. Das Gestüt Leutstetten ist wie das nahegelegene Gestüt Schwaigern im Besitz der Wittelsbacher. Von hier aus führt ein Weg auf die Höhe, den *Thierkopf,* ein herrlicher Aussichtspunkt mit Blick zum Gebirge.

Der Skiwanderer setzt seinen Weg in der Mulde fort oder läuft am Hang entlang, bis zu einer Baumreihe, die auf die Straße in Richtung Gut Schwaige hinführt. Jenseits der Bäume befindet man sich wieder auf leicht welligem Acker- und Wiesengelände. Hier sind meist eine Reihe individueller Spuren anzutreffen, so daß man ohne Schwierigkeit den Weiterweg findet.

Gut *Schwaige* erreicht man am besten, wenn der Weg immer am Waldrand entlang genommen wird. Hinter dem Gut geht es im Bogen wieder am Waldrand zu der Reihe der Eichen zurück.

Man wird sich vielleicht wundern, daß inmitten der Felder vereinzelt sehr alte Eichen stehen. Auch diese sind – wie im Forstenrieder Park häufiger – sogenannte Huteichen unter denen das Weidevieh in früheren Zeiten Unterstand suchte.

Nach der Eichenreihe geht es wieder in die Mulde hinab und zum Ausgangspunkt bei *Leutstetten* zurück. Da die Skiwanderung nicht besonders viel Zeit in Anspruch nimmt, sollte der, der noch genügend Kondition hat, zum Aussichtspunkt *Thierkopf* aufsteigen. Bei gutem Wetter wird der Blick sicher die Krönung des Ausfluges sein.

Einen schönen Abschluß findet der Tag in dem urgemütlichen Wirtshaus *Obermühltal*. MVV Benutzer haben die Möglichkeit, die Strecke beim Gut Schwaige zu verlassen und entweder nach Buchendorf oder sogar noch zum Gasthof Forst Kasten zu wandern (siehe Route 43).

Auf der Lichtung von Buchendorf sind noch Reste einer Keltenschanze zu besichtigen.

Bemerkenswert:
Aussichtspunkt Thierkopf bei Leutstetten mit prachtvoller Aussicht zum Gebirge. Für MVV-Benutzer besteht die Möglichkeit, noch durch den Forstenrieder Park nach Buchendorf oder zum Forsthaus Kasten zu wandern (siehe Routen 41 und 43)

Sehenswert:
Der alte Siedlungsort Leutstetten mit Gestüt, das ebenso wie das Gestüt Schwaige dem Haus Wittelsbach gehört

Fotos Seite 102:
Geretsrieder Loipenwegweiser (o.);
Benediktbeuren (u.)

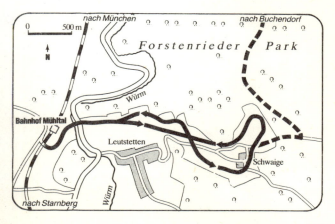

Von Mühltal nach Buchendorf

*Fortsetzung der Skiwanderung Mühltal – Schwaige
mit mehreren Abkürzungsmöglichkeiten*

Ausgangspunkt:
Würmbrücke an der Straße Gauting – Starnberg
Weglänge:
bis zu 10 km
Höhenunterschied:
35 bis 40 m
Karte: 1:50 000, Blatt L 7934 (München) oder 1:50 000 Starnberger See und Umgebung
Schwierigkeitsgrad:
leicht
Einkehrmöglichkeit:
Buchendorf, Gaststätte Haller
MVV: S 6 bis Mühltal

Die Route ist eine mögliche Verlängerung der ebenfalls leichten Skiwanderung von *Mühltal* bis zum Gut *Schwaige* (siehe Route 42). Hinter dem Gut geht die Spur ein Stück der Fahrstraße entlang, die ihr Ende in der alten Starnberger Straße findet, neben der heutigen Autobahn nach Garmisch-Partenkirchen.

Vom Waldrand hinter Schwaige läuft man etwa 300 Meter an der Straße entlang bis zu einem Wegweiser für Radwanderer, der die Strecke nach Buchendorf/Krailling – Wangen/Starnberger See, Leutstetten/Mühltal – München/Forstenrieder Park angibt. Hier ist die erste 7 km lange Möglichkeit, um nach Buchendorf auf die dortige Loipe zu gelangen. Der Waldweg führt nach etwa 2 km auf die Lichtung, in deren Mitte der hübsche Ort Buchendorf liegt.

Die andere Möglichkeit ist, einige Kilometer länger. Sie verläuft ein Stück an der Straße entlang weiter, bis man zu einem Radwanderwegweiser Richtung München kommt, dem man folgt und nach etwa

1 km auf das *Max Josephs-Geräumt* stößt, das schnurgerade auf den Münchener Stadtteil Fürstenried zuführt. Bis zur Stadtgrenze sind es von hier aus immerhin noch etwa 7 km.

Nach *Buchendorf* verfolgt man das *J. B. Straub-Geräumt* etwa 2,5 km bis zur *Römerstraße,* auf der einstmals die Römer zogen. Verfolgt man diese Römerstraße nur 100 Meter nach rechts – also nicht auf Buchendorf zu – gelangt man zu einer Lichtung mit vielen, sehr alten Eichen. Die Lichtung wird »Eichelgarten« genannt. Die Hut- oder Schirmeichen dienten früher dem Vieh als Unterstand bzw. deren Früchte als Nahrung für die Schweine.

Nach Buchendorf ist es von hier aus etwa noch 1,5 Kilometer, das nette Einkehren und auch eine interessante spätgotische Kirche mit einem Werk des Münchener Hofbildhauers J. B. Straub besitzt.

Wer den Weg von Mühltal nach Buchendorf etwas abkürzen will, kann auch über *Dillis - Geräumt* oder *Friederiken - Geräumt* auf die Lichtung gelangen.

Bemerkenswert:
Die Route ist oft nicht angelegt. Deshalb unbedingt eine Karte mitnehmen und auf die Wegweiser für Radfahrer achten

Sehenswert:
Aussichtshügel Thierkopf bei Leutstetten. In Buchendorf reizende Kirche mit Patronsfigur von J. B. Straub und frühgeschichtliche Anlage im NO, die Keltenschanze

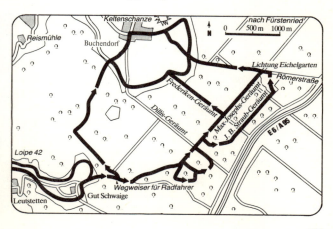

44

Hoch über dem Starnberger See

Leichte bis mittelschwere Loipen über hügelige Wiesen und Äcker und durch schattige Waldstücke

Ausgangspunkt: Söcking, westlich von Starnberg, Sportplatz
Weglänge: bis zu 12 km
Höhenunterschied: 15 bis 20 m
Karte: 1:50 000, Starnberger See und Umgebung
Schwierigkeitsgrad: mittelschwer
Einkehrmöglichkeit: Söcking (Sportgaststätte), Starnberg
MVV: S 6 bis Starnberg. Bus 960 nach Söcking

Wer vom Bahnhof die 3 km hinauf nach *Söcking* zu Fuß geht, sollte nicht an einem Kleinod bayrischer Kirchenbaukunst vorbei gehen. Gemeint ist damit das Kirchlein St. Joseph mit dem eleganten Rokokoturm hoch über der Stadt. Das Prunkstück der Kirche ist der Hochaltar von I. Günthers (1765), in dessen Zentrum eine heilige Familie vor einer Strahlensonne steht. Günthers Handschrift trägt auch die Kreuzigungsgruppe. Beachtenswert sind aber auch die Deckenfresken von Ch. Wincks und die Stuckarbeiten von E. Mayrs. Wen wundert es hier, daß die damaligen Kostenvoranschläge um das Dreifache überschritten wurden.

In Söcking sollte man, bevor man zum Start beim *Sportplatz* geht, noch die schöne Aussicht über Starnberg und den Starnberger See genießen und vielleicht noch einen Blick in die spätgotische Kirche St. Stephan werfen.

Die Loipen bei Starnberg sind ziemlich überlaufen, insbesondere aber die bei Söcking, da die Gegend zwischen den

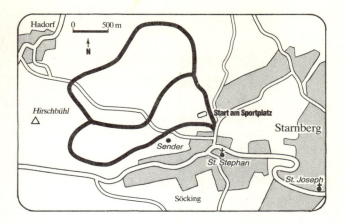

Orten *Söcking, Perchting* und *Hadorf* viel Abwechslung bietet.

Wen wundert es also das es in diesem Gebiet von Spuren, meist individuell angelegten, nur so wimmelt. Irritieren lassen braucht man sich aber nicht, da einige Spuren auch maschinell angelegt sind.

Da die Loipen in jedem Winter etwas anders verlaufen, hat es wenig Sinn, die einzelnen Strecken detailliert zu beschreiben. Es empfiehlt sich daher, eine gute Karte, etwa die 1:50 000 von Starnberg und Umgebung, mitzunehmen.

Die Kreisstadt *Starnberg* bietet für den Besucher viel Abwechslung: Einen bezaubernden Blick über Stadt und See hat man vom Schloß, das im Lauf der Jahre sein Aussehen stark verändert hat. Erfrischung findet man im Hallenbad, und wer noch Lust hat, ein Museum zu besuchen, dem sei das Würmgaumuseum empfohlen (Possenhofener Straße 244). Hier erwartet den Besucher in einem Fischerhaus aus dem 14. Jahrhundert eine reiche kultur- und lokalhistorische Sammlung.

Starnberg:
St. Joseph, alte Dorfkirche mit I. Günthers Hochaltar und Fresken von Chr. Wink. Schloß und Aussicht von dort sowie das Heimatmuseum. In Söcking spätgotische Kirche St. Stephan und Mausoleum des Prinzen Karl von Bayern

45

Auf dem Golfplatz bei Feldafing

*Eine sehr reizvolle Landschaft
am Westufer des Starnberger Sees*

Ausgangspunkt:
Straße Starnberg – Tutzing, Abzweigung nach Traubing
Weglänge:
bis zu 10 km
Höhenunterschied:
15 bis 20 m
Karte: 1:50 000, Starnberger See und Umgebung
Schwierigkeitsgrad: leicht
Einkehrmöglichkeit:
Forsthaus am See, Dienstag Ruhetag
MVV: S 6 bis Feldafing

Dort, wo im Sommer die Golfer ihrem stillen Sport nachgehen, hat im Winter der Skilangläufer die Gelegenheit, seine Bretter anzuschnallen und in dieser parkartig angelegten Landschaft seine Runden zu ziehen.

Das Gelände ist sanft gewellt, erfordert keine außerordentlichen Kenntnisse und wird daher besonders Familien begeistern. Weite Wiesenflächen werden von kleinen Bauminseln unterbrochen, die so raffiniert angeordnet, auf eine künstliche Gestaltung schließen lassen. Dies trifft auch zu, denn der *Golfplatz* ist ein Überbleibsel der Träume von Max II. Der Gartenarchitekt P. J. Lenné und der Hofgartendirektor Karl Effner haben seine Vorstellungen umgesetzt.

Einen Loipendienst gibt es auf dem Golfplatz nicht, so daß sich jeder Langläufer seine Strecke selbst aussuchen kann. Man wird sich daher auch selten an die ursprüngliche Runde halten, sondern hier und da einmal »ausbrechen«, um neue Wege im Wald zu erkunden oder auch nur, um noch besser auf den weiten Starnberger See und die gegenüberliegende Roseninsel sehen zu können. Manch einer wird dann in der Ferne auch den Herzogstand, die Benediktinerwand oder den Heimgarten suchen.

Die Geschichte der kleinen Insel vor Feldafing, der heutigen *Roseninsel,* ist interessant genug, um darüber etwas mehr zu erfahren.

Im Lauf der Jahrhunderte hatte sie viele Namen. König Max II. zum Beispiel liebte die Insel »Wörth« so sehr, daß er gegenüber am *Feldafinger Ufer* ein Schloß bauen wollte.

Doch schon in früheren Zeiten fand die Insel ihre Liebhaber, denn die Kelten haben dort bereits gesiedelt. Auch die Römer haben sich die Insel, die früher mit dem Festland verbunden war, als Siedlungsplatz gewählt.

Den heutigen Namen hat die Insel seit König Ludwigs Zeiten, da dieser eine große Leidenschaft für die Rosenzucht hatte.

Bemerkenswert:
Der Fernblick zu den bayerischen Bergen

Feldafing:
Kalvarienberg mit dem naturalistisch gestalteten Kreuzweg, 1962 restauriert

Garatshausen:
Auf dem Weg nach Tutzing mit schön gelegenem Schloß am Ufer des Starnberger Sees. Gebaut wurde es von nachfahren des Münchener Patriziers Weiler, der Landrichter und Pfleger in Starnberg war

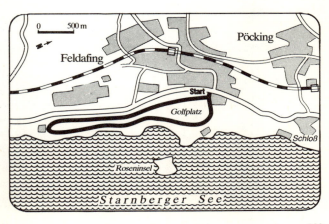

46
Loipe bei Tutzing

Maschinell angelegter und gut gepflegter Rundkurs der Skiabteilung des TSV Tutzing

Ausgangspunkt: Parkplatz an der Straße Tutzing – Traubing
Weglänge: 7 km
Höhenunterschied: 15 bis 20 m
Karte: 1:50 000, Starnberger See und Umgebung
Schwierigkeitsgrad: leicht
Einkehrmöglichkeit: Tutzing (Seehof, Gästehaus Mühlhofer, Andechser Hof u. a.

Die doppeltürmige Pfarrkirche kann man als Orientierungspunkt benützen, um in die *Traubinger Straße* zu gelangen, die bergauf bis zu einer Orientierungstafel dicht bei der Straße führt (vom Bahnhof ca. 20 Minuten). Am Start sind Parkplätze vorhanden.

Die Loipe fällt am Anfang leicht über die Wiese ab, überquert zweimal einen kleinen Wasserlauf und gerät dann in buschiges, welliges Gelände. Nach der Straße Tutzing-Traubing steigt das Gelände etwas an, fällt wieder ab und führt in einem Bogen am Waldrand einer kleinen Erhebung im Bogen Richtung *Deixlfurt*. 300 Meter vor dem Ort zweigt man nach links ab und erreicht die reizvollste Stelle dieser Loipe: das östliche Ende des *Langen Weihers,* einem der sehr schönen *Deixlfurter Seen.* Von hier aus geht es in östlicher Richtung weiter über die Straße, bis man auf die Anfangsstrecke trifft. Von hier aus hat man etwa noch 1 km bis zum Ausgangspunkt. Sicher wird diese Loipe sehr viele Freunde finden, da sie zu den schön-

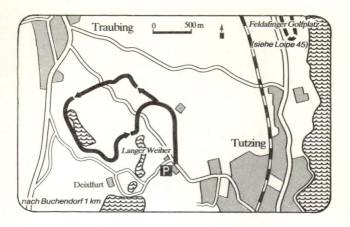

sten zählt, die im Bereich des Münchener-MVV liegt. Auch hier hat man viele Variationsmöglichkeiten.

Manchmal vielleicht etwas mühsam, weil man die Ski wieder abschnallen muß, aber deswegen nicht weniger interessant ist die Strecke von Tutzing über Unterzeismering, Höhenried bis Bernried. Ab Unterzeismering wird das Geländer freier und man kann etwas abseits der Straße über Acker und Wiesen laufen.

Doch zurück zu *Tutzing*. Wegen seiner bevorzugten Lage wurde auch diese Gegend schon früh besiedelt. Die Endung -ing deutet auf die Alemannen. So gab denn auch das Geschlecht der Tuzzos den Namen für die neue Siedlung.

Heute ist Tutzing der zweitgrößte Ort am Starnberger See und dank dem Tourismus zu einem Ort mit nahezu mondänem Charakter geworden.

Ganz im Gegensatz dazu hat sich Bernried entwickelt, das seinen ländlichen Charakter bis heute nahezu völlig bewahren konnte.

Bemerkenswert:
Die nahe gelegene Loipe Feldafinger Golfplatz (siehe Route 45)
Tutzing:
Sehenswert ist das Schloß, heute Sitz der evangelischen Akademie, die alte Pfarrkirche St. Peter und Paul mit Rotmarmorgrabschriften aus dem 16. und 17. Jahrhundert sowie dem Christopherus von K. Gries. Aussichtspunkt Johannishügel Richtung Bernried sowie Hallenbad am See

Von Bernried nach Seeshaupt und zurück

Ein wunderschöner Wanderweg durch den Bernrieder Park – sicher ein unvergeßliches Erlebnis

Ausgangspunkt: Pfarrkirche beim Bernrieder Park
Weglänge: 10 km
Höhenunterschied: 10 bis 15 m
Karte: 1:50000, Starnberg und Umgebung
Schwierigkeitsgrad: leicht
Einkehrmöglichkeit: Bernried (Gasthof Drei Rosen, Gasthof März), Seeseiten (Gasthaus, Café)

Die Strecke Bernried – Seeshaupt, der König Ludwig-Wanderweg, kennt sicher mancher schon von seinen sommerlichen Unternehmungen her und weiß, wie reizvoll dieser Weg ist. Das läßt sich durchaus auch für die weiße Jahreszeit sagen. Man geht vom *Bahnhof Bernried* durch die Bahnhof und Dorfstraße zur Klosterkirche und Pfarrkirche, wo südlich davon der Park beginnt. Am Binslbergl beim Pfarrhof beginnt eine Loipe in deren Verlängerung der Wanderweg nach Seeshaupt weiterführt (hin und zurück etwa 10 km).

Der Weg führt dem Gelände des *Bernrieder Parks* angepaßt, nur anfangs maschinell gespurt an dem zauberhaft am See liegenden Teehaus vorbei durch die Uferschilfzone, teilweise im Wald teilweise durch buschiges Gelände, auf *Seeseiten* zu, einer kleinen Ansiedlung (Gasthaus) mit kleinem Kirchlein, das zur Pfarrei Seeshaupt gehört.

Von hier aus ist es nicht mehr weit nach Seeshaupt, dem südlichsten Ort am Starnberger See. Wer schon müde ist, kann mit dem Zug nach Tutzing oder Bernried zurückkehren. Allerdings sind die 5 km am See entlang und durch den Bernrieder Park, einer Stiftung der Deutsch-Amerikanerin W. Busch-Woods, sicher sehr lohnend.

Der Ort *Bernried* ist mit seinen malerischen Winkeln und alten Holzhäusern, die zum Teil noch aus dem 17. Jahrhundert stammen, sicher einen Bummel wert.

Bestimmend für den Ort war einst der Bau des Augustiner-Chorherrenstifts zu Beginn des 12. Jahrhunderts. Erhalten blieb nur die 1659 erbaute Kirche, der Südflügel des Klostervierecks und die Einfahrt von 1789. Nach dem Krieg haben die Missionsbenediktinerinnen das Kloster wieder aufgebaut und nützen es heute als Ausbildungsstätte.

Die Mitte des 17. Jahrhunderts neu erbaute ehemalige Klosterkirche St. Martin birgt einen spätgotischen Flügelaltar.

Mehrmals jährlich findet eine Prozession zu der frühbarocken »Liabwoanete Frau am See« statt (Auskunft: 0 81 58/60 26).

MVV: S 6 bis Tutzing, DB Tutzing – Kochel bis Bernried oder 5,5 km über Höhenried
Bernried:
Sehenswert ist der Bernrieder Park, das Kloster bzw. Pfarrkirche St. Martin, Pfarrkirche Maria Himmelfahrt, Gnadenkapelle und Seekapelle
Seeshaupt:
Schöne bemalte Häuser, Pfarrkirche St. Michael
Seeseiten:
St. Jakobskirche aus dem 18. Jahrhundert

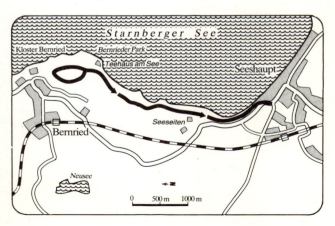

48

Drei kleinere Loipen im Westen von Bernried

Mittelschwere Loipen in landschaftlich sehr reizvollem, hügeligen Gelände

Ausgangspunkt: Sportplatz im Westen von Bernried
Weglänge: bis zu 6 km
Höhenunterschied: 15 bis 20 m
Karte: 1:50 000, Starnberg und Umgebung
Schwierigkeitsgrad: leicht
Einkehrmöglichkeit: Bernried (Gasthof Drei Rosen, Gasthof März)

Der Sportverein von *Bernried,* der für die Loipen zuständig ist, hat im Westen des Ortes ein *Sportgelände* mit dazugehörendem Vereinsheim (Parkplätze).

Die drei Rundkurse, die dort beginnen, besitzen eine etwas verwirrende Loipenführung, so daß man zur Orientierung eine Karte unbedingt mitführen sollte, um nicht fehlgehen zu können.

Ein regelmäßiger Loipendienst besteht nicht, so daß man sich seine Route selbst in dem recht übersichtlichen Gelände suchen muß. Baumgruppen und der weithin sichtbare Wasserturm können als Orientierungshilfe dienen.

Wer sich selbst eine hübsche Route suchen möchte, dem sei hier ein Tip gegeben: Zunächst abwärts, über einen Weg zum Waldrand, wo in einer Ecke eine Abzäunung überstiegen werden muß. Auf dem Weg am Südende des *Neuweihers* vorüber, links empor zu einem Stadel. Nun geradeaus ein paar Meter weiter und rechtwinklig in ein von kleinen Kiefern bewachsenes Moorgelände. Rechts durch den Wald auf freien Flächen in Richtung auf das *Gut Unterholz*. Westlich davon über die Straße und in einem Bogen auf die kleine Anhöhe, von hier auf die Straße zurückkehren. Durch ein Waldstück an der Straße entlang, bis wieder freie, wellige Wiesen folgen. Nun links an *Hapberg* vorüber und zur Straße abwärts, die wieder zum Sportgelände führt.

Landschaftlich ist diese Route recht hübsch, weil sie über Höhen und durch Waldpartien führt. Sie erfordert wenig Kondition, da keine mühevollen Anstiege oder anspruchsvolle Abfahrten dabei sind. Probleme mit der Streckenfindung gibt es kaum, da meist schon Spuren vorhanden sind.

Wenn man ein bißchen Orientierungssinn hat, lassen sich auch noch andere Routen finden. Dabei kann es allerdings auch sein, daß einmal ein Zaun oder ähnliches überstiegen werden muß.

Bemerkenswert ist, daß *Bernried* im Gegensatz zum nahen *Tutzing* seinen ursprünglichen Charakter bewahren konnte.

MVV: S 6 bis Tutzing, DB Tutzing – Kochel bis Bernried oder 5,5 km über Höhenried
Bernried:
Bernrieder Park, Ortskern mit alten Holzhäusern, ehemaliges Augustinerchorherrenstift, heute Ausbildungsstätte der Missionsbenediktinerinnen, Klosterkirche St. Martin

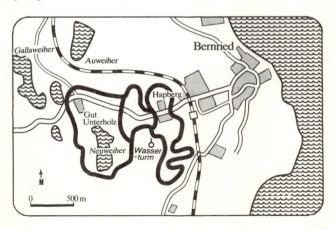

Von Benediktbeuren nach Bichl

*Im Osten von Benediktbeuren gibt es zwei Loipen. –
Eine für Könner und eine für Familien.
Die Strecke nach Bichl ist was für Anfänger.*

Ausgangspunkt:
Benediktbeuren,
Alpenwarmbad,
Lainbachbrücke,
Bichl oder unterhalb
von Vormholz
Weglänge: 6 km
Höhenunterschied:
10 bis 15 m
Karte: 1:50 000, Blatt
L 8334 (Bad Tölz)
Schwierigkeitsgrad:
leicht
Einkehrmöglichkeit:
Benediktbeuren
MVV und DB: S 6 bis
Tutzing, DB Richtung Kochel, vom
Bahnhof durch die
Bahnhofstr. und
Dorfstr. zum Bad

Der Start für die Loipe nach *Bichl* befindet sich am *Alpenwarmbad* (Parkplatz). – Hier beginnt auch die sehr anspruchsvolle Loipe zum Weiler Pfisterberg. – Abgesehen davon gibt es auch noch andere Einstiegsmöglichkeiten wie zum Beispiel an der *Lainbachbrücke* im Ortsteil Gschwend, in Bichl, dem Wendepunkt oder auch unterhalb von Vormholz.

Vom Alpenwarmbad geht die Spur westlich über flaches Wiesengelände, macht einen Bogen und steigt auf die Anhöhe über dem Alpenwarmbad an. Anschließend geht es wieder abwärts, kurz in den Wald und dann über die Lainbachbrücke, wo auch eine Einstiegsmöglichkeit ist.

Hinter dem Ortsteil *Gschwend* geht die Spur rechts von Häusern vorbei über eine kleine Straße und dann in etwas welligerem Gelände auf *Bichl* zu. Vor Bichl macht die Loipe beim Gebirgswarmbad eine Schleife und wendet sich wieder nach Süden, dem Ausgangspunkt zu.

Hier beginnt, wie schon erwähnt, die

Loipe zum Weiler *Pfisterberg,* die absolut nur von Könnern angegangen werden sollte (siehe nachfolgende Beschreibung).

Aus dem Loipenplan beim Bad ist ersichtlich, daß die Pfisterberg- und Bichler Loipe zusammen einen Gesamtkurs von 12 km ergeben. Hier sei allerdings schon darauf hingewiesen, daß der Plan die Streckenführung sehr schlecht wiedergibt. Außerdem sind die Loipen sehr schlecht markiert, obwohl eigentlich ein Loipendienst besteht.

Der Ort *Benediktbeuren* selbst ist einen Besuch wert. Sein Reiz besteht unter anderem darin, daß er noch viel von seiner Ursprünglichkeit besitzt, was besonders bei den bemalten Häusern zum Ausdruck kommt. Berühmt geworden ist der Ort aber durch sein Kloster, das vermutlich das älteste Bayerns ist.

Berühmt geworden ist das Kloster nicht zuletzt durch den Fund der »Carmina Burana«, eine Lyriksammlung, die durch die Dramatisierung und Vertonung durch Carl Orff weltberühmt wurde.

Benediktbeuren:
Ortskern mit bemalten Häusern, Rathaus, Kloster Benediktbeuren, eines der ältesten im südbayerischen Raum.
Werke berühmter Künstler wie J. M. Fischer, I. Günther, E. Asam, J. J. Zeiler.
Fund der »Carmina Burana«, eine Lyriksammlung des 13. Jahrhunderts

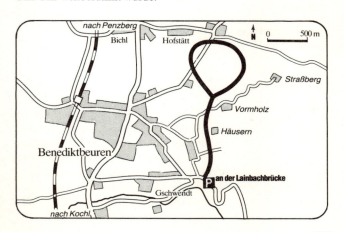

50

Die Pfisterberg-Loipe

Mühevolle Anstiege und steile kurvenreiche Abfahrten, also nur etwas für den absoluten Könner

Ausgangspunkt: Benediktbeuren, Alpenwarmbad
Weglänge: 6 km
Höhenunterschied: 100 bis 110 m
Karte: 1:50 000, Blatt L 8334 (Bad Tölz)
Schwierigkeitsgrad: schwer
Einkehrmöglichkeit: Benediktbeuren
MVV und DB: S 6 bis Tutzing, DB Richtung Kochel

Foto Seite 119: Blick auf Kloster St. Ottilien

Die zweite Benediktiner Loipe sollte nur bei guten Schneeverhältnissen unternommen werden, nicht wegen der mühevollen Anstiege, sondern weil die Abfahrten steil und kurvenreich sind und deshalb viel Können verlangen.

Die Strecke beginnt wie die Bichler Loipe beim *Alpenwarmbad* und umrundet ebenso das Wiesengelände, um auf die Anhöhe über dem Bad zu gelangen. Von dort aus geht es steil nach *Pfisterberg*. Von hier oben hat man einen sehr schönen Ausblick, so daß dies bestimmt eine ausreichende Entschädigung für den mühevollen Aufstieg ist.

Zurück geht es wieder steil und kurvenreich den Berg hinunter. Ein Hohlweg und die Überquerung des *Lainbaches* stellen keine großen Schwierigkeiten dar. Richtig erholsam ist dann noch der letzte Teil, der über einen Bach und dann wieder über Wiesen zum Ausgangspunkt zurückführt.

In *Benediktbeuren* laden nach dieser Anstrengung einige gemütliche Gasthöfe zur Einkehr ein. Anschließend bietet es

ORTSTEIL SIECHHÄUSER

ERSTE URK. ERWÄHNUNG
1435 UNTER PROPST
ERHARD PRUNNER
DIE ANSIEDLUNG DIENTE
ZUR UNTERBRINGUNG
VON LEPRAKRANKEN
1760 BESTANDEN VIER 1/24
HÖFE HÄUSL. M. EINEM KL. GÄRTL
HAUSNAMEN: DER BAUMEISTER,
DER SCHUSTER, DER RAINER,
DAS SIECHENGÜTL.
1884 HATTE SIECHHÄUSER
8 HÄUSER MIT 33 EINWOHNERN
DER ORT HATTE NACH DEM
AUSSTERBEN DER LEPRA
LÄNGST SEINE SCHRECKNISSE
VERLOREN

A.D. 1982

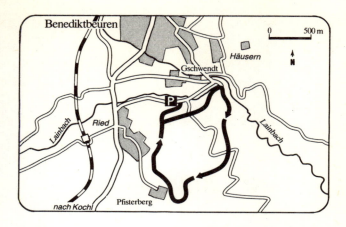

sich an, sich im Ort umzusehen und die bemalten Häuser im Ortskern zu bewundern. Für den Kunstinteressierten bietet der Ort aber noch einen besonderen Leckerbissen: das berühmte Kloster. Seine Geschichte ist reich an Glanz und Elend, Aufbau und Zerstörung, Auflösung und Neubelebung.

Schon im 8. Jahrhundert bildete das Kloster den kulturellen Mittelpunkt des später als Pfaffenwinkel bekannten Gebietes. Eine besondere Bedeutung erlangte das Kloster durch eine Schenkung Karls des Großen, der ihm die Speiche des rechten Unterarms des heiligen Benedikts vermachte. Die Armreliquie wandelte den namen Buron in Benedictoburanum.

Wer heute das Kloster besucht, wird in der barocken Basilika Werke so bekannter Künstler wie H. G. Asam finden. Um 1800 entdeckte man hier auch die in Kärnten geschriebene Lyriksammlung »Carmina Burana«, die durch die Dramatisierung und Vertonung Carl Orffs weltberühmt wurde.

Bemerkenswert:
Verbindungsmöglichkeit mit der leichten Loipe nach Bichl und zurück
Benediktbeuren:
Ortskern, Rathaus; Klosterkirche mit Werken berühmter Künstler, Fundort der Lyriksammlung »Carmina Burana«. Mehrere Wintersportangebote: Lifte, Eislauf und Eisstockschießen

Foto Seite 120:
Gedenkstein in
Markt Indersdorf

Türkenfeld – Grafrath

Landschaftlich von hohem Reiz durch die Ausblicke vom Gollenberg und die Wanderung durch das Amper-Moos

Ausgangspunkt: Bahnhof Türkenfeld, Ortsausgang Richtung Kottgeisering
Weglänge: 7 km
Höhenunterschied: 45 bis 50 m
Karte: 1:50 000, Blatt L 7932 (Fürstenfeldbruck)
Schwierigkeitsgrad: leicht
Einkehrmöglichkeit: Türkenfeld (Gasthof Drexel, Unterwirt)

Die sanften, unschwierigen und doch hügeligen, abwechslungsreichen weiten Felder und Wiesen zwischen Türkenfeld und Grafrath sind es ganz gewiß wert, auch einmal im Winter überwandert zu werden. Obgleich man meist in Ortsnähe bleibt, ist es auch hier anzuraten, eine Karte mitzuführen.

Vom *Bahnhof Türkenfeld* sollte man den einen Kilometer durch den anheimelnden Ort nicht scheuen. Am Ortsende wird die Straße nach Kottgeisering überschritten und dann geht es dem *Gollenberg* zu, der sich mit seiner Südflanke als Rodel und Skiberg entpuppt.

Vom Gollenberg aus hat man einen bezaubernden Blick, vor allem in Richtung auf Zankenhausen und gegen Süden auf die weiten Flächen um Beuern.

Ringsum wechseln Moos, Wald und Felder und ergeben immer neue reizvolle Bilder.

Vom Gollenberg wendet man sich ostwärts auf *Zankenhausen* zu, das man südlich umgehen kann.

Man überquert dazu die Straße Richtung Eching, geht weiter in nordöstlicher Richtung, überquert dabei die kleine Straße Pentenmühle – Eching und ist nun nach einigen Anstiegen und Abfahrten in einer Mooslandschaft.

Man kann sich seine Spur ins Moos hinaus individuell legen, der nächste Weg führt an einem Bach entlang, über eine Brücke, vorbei an einem Stadel. Von diesem aus gelangt man auf den Weg nach *Kottgeisering,* ein kleiner gemütlicher Ort, der sich lohnt.

Weiter geht die Loipe nach *Grafrath,* dessen beide Kirchen schon eine Weile als Ziel vor Augen standen. Interessant ist vor allem die Wallfahrtskirche St. Rasso, die jenseits der Amper zu sehen ist. Die Kirche steht in engem Zusammenhang mit dem Ort selbst, der seinen Namen von Graf Rasso erhielt, dem auch die Wallfahrtskirche geweiht ist. Auch bei dieser Kirche hatte der bekannte Münchener Hofbildhauer seine Hände mit im Spiel: er entwarf den Hochaltar.

MVV: S 4 bis Türkenfeld, Rückfahrt von Grafrath Auskunft über Schneelage TSV Türkenfeld 0 81 93/82 80
Bemerkenswert: Autofahrer können von Grafrath mit S 4 nach Türkenfeld zurückfahren
Grafrath: Wallfahrtskapelle, Hallenbad

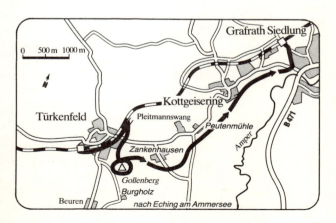

52
Nach Grafrath – nördlich der Bahnlinie

Leichte Skiwanderung durch übersichtliches Gelände südlich des Staatsforstes Moorenweis

Ausgangspunkt:
Bahnhof Türkenfeld
Weglänge: 7 km
Höhenunterschied:
25 bis 30 m
Karte: 1:50 000,
Blatt L 7932
(Fürstenfeldbruck)
Schwierigkeitsgrad:
leicht
Einkehrmöglichkeit:
Grafrath (Dampfschiff, Gasthaus zum Klosterweg)

Schon der eine Kilometer durch den freundlichen Ort *Türkenfeld* macht Spaß. Man bummelt durch die Bahnhofsstraße am Dorfweiher vorüber zur Kirche und wirft einen Blick auf das rötlich bemalte Schlößchen (jetzt Standesamt) bevor man sich überlegt, ob man zuerst noch kurz Station im Gasthof Drexel oder Unterwirt macht.

Doch man ist ja eigentlich mehr zum Skiwandern hierher gekommen. Man folgt also den Wegweisern zur Straße nach Moorenweis, biegt allerdings kurz vor dem Ende des Ortes rechts ab auf die Straße nach Brandenberg, um über die weiten, übersichtlichen Flächen unterhalb des Waldes anzusteigen und nach etwas mehr als 3 km die Straße Kottgeisering–Brandenberg bzw. Moorenweis zu überschreiten. Kurz danach erreicht man das große Anwesen *Reichertsried,* vor dem man wendet und in Richtung Süden in 20 Minuten den *Bahnhof Grafrath erreicht.*

Nach Türkenfeld sind es von hier aus entlang der Bahnlinie 5,5 km, die man je nach dem auch mit der S-Bahn zurückfahren kann.

Wer noch nicht so geübt ist, sollte diese Strecke wegen des Anstiegs im ersten Drittel lieber sein lassen und zuerst einmal die Loipe südlich der Bahnlinie versuchen.

Vielleicht hat der eine oder andere Wanderer noch Lust, den Ort *Grafrath* kennenzulernen. Man biegt daher schon vor dem Ort nach Süden ab, und wandert jenseits der Bahnlinie hinein.

Sehenswert ist in Grafrath die Wallfahrtskirche St. Rasso, die Ende des 17. Jahrhunderts von M. Thumb gebaut wurde.

Hier ruhen die Gebeine des Grafen Rasso, der der Legende nach mit 2,50 Meter ein Riese war, in einem kostbaren Sarkophag auf dem Hochaltar, dessen Entwurf von dem bekannten Künstler J. B. Straub stammt. Beeindruckend ist aber auch der Rotmarmorgrabstein mit einem überlebensgroßen Flachrelief des heiligen Rasso. Die Marmorkanzel ist ein Werk von Th. Schaidhauf.

MVV: S 4 bis Türkenfeld
Bemerkenswert: Die Strecke ist von Türkenfeld aus lohnender
Grafrath: Wallfahrtskapelle, dem Orts- bzw. Klostergründer Graf Rasso geweiht; Hallenbad

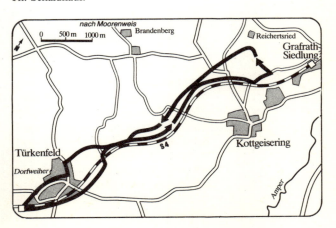

53

Türkenfeld–Brandenberg und zurück

Skiwanderung über den Zigeunerberg und durch den Staatsforst Moorenweis

Ausgangspunkt:
Bahnhof Türkenfeld
Weglänge: 11 km
Höhenunterschied:
25 m
Karte: 1:50 000,
Blatt L 7932
(Fürstenfeldbruck)
Schwierigkeitsgrad:
leicht

Vom *Bahnhof Türkenfeld* im Westen des Ortes geht man durch die Bahnhofstraße am Dorfweiher vorbei zur Katharinakirche. Dort biegt man links ab und folgt im Osten des Ortes der Straße nach Brandenberg bzw. der Markierung des MVV-Wanderweges.

Zunächst über freie Felder und Wiesen kommt die Loipe an einem Wegkreuz vorbei, dann ist man im Wald des *Zigeunerberges*. Die Straße windet sich leicht ansteigend durch den *Staatsforst Moorenweis* um nach etwa 1 km wieder übersichtliche, freie, ebene Wiesen und Felder zu erreichen. In Mitten einer Rodungsinsel liegt der kleine Ort *Brandenberg*.

Auf der Lichtung geht man geradeaus weiter und zieht links von Brandenberg am Waldrand entlang und kommt an einem kleinen Teich vorbei, der als Eislauffläche benützt wird. Nördlich davon überquert man die Straße, die von *Hohenzell* nach Kottgeisering führt, und hält sich weiter am Rand des Mischwalds bis man die Straße nach Moorenweis erreicht.

Östlich davon gerät man in Moosgelände mit niedrigem Bewuchs. Wieder wird die Straße nach Hohenzell überquert. Nach etwa 600 Metern folgt man einem Weg in den Wald, nur wenige hundert Meter von der Stelle, wo man vorher auf die Rodungsinsel hinaus kam.

Die Loipe folgt dem Waldweg bis zu den freien Hängen oberhalb der Bahnlinie. Hier wendet man sich nach dem Austritt aus dem Wald nach rechts und gelangt über Wiesen und Felder wieder zum Ausgangspunkt zurück. Selbstverständlich kann man auch ab dem Waldaustritt sich nach links wenden und am Hang entlang nach *Grafrath* wandern.

Es lohnt sich, durch Türkenfeld etwas zu bummeln, falls man den Ort nicht schon von der Strecke vom Bahnhof her kennt. Mittelpunkt des anheimelnden Städtchens ist die aus dem Jahr 1489 stammende St. Katherinakirche, sowie das kleine Schlößchen (heute Standesamt). Großartig ist in der Pfarrkirche der prächtige Rokokostuck.

Einkehrmöglichkeit:
Türkenfeld (Gasthof Drexel, Unterwirt)
MVV: S 4 bis Türkenfeld
Türkenfeld:
Pfarrkirche und Schlößchen, Aussichtsberg Collenberg (Ski- und Rodelberg)

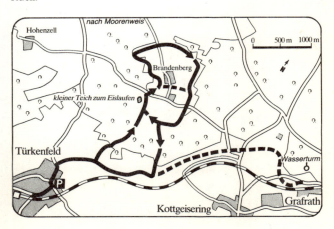

54

Zum Kloster St. Ottilien

Leichte, aber unmarkierte Skiwanderung über freie Moos-, Wiesen- und Ackerflächen

Ausgangspunkt:
Bahnhof Geltendorf
Weglänge: 11 km
Höhenunterschied:
15 bis 20 m
Karte: 1:50 000,
Blatt L 7932
(Fürstenfeldbruck)
Schwierigkeitsgrad:
leicht
Einkehrmöglichkeit:
Beuern, Türkenfeld

Eine Skiwanderung bei der man oft Skispuren vorfindet. Allerdings sollte man sich im unmarkierten Gelände etwas zurecht finden können, wenn auch zum Teil markierte Wanderwege des MVV benützt werden.

Vom *Bahnhof Geltendorf* geht man an der Bahnlinie etwa 850 Meter zur Unterführung zurück, biegt rechts ab, und folgt der hübschen Allee in Richtung *St. Ottilien*.

Vor den ersten Gebäuden des Klosters biegt man nach rechts, übersteigt eine Einzäunung und umrundet den Klosterkomplex bis man nach dem Austritt aus dem Wäldchen auf das Moosgelände trifft. Nun geht es quer über das Moos, die Straße von St. Ottilien–Windach überquerend, und das letzte Stück vor Pflaumendorf entlang der Straße, die von Eresing kommt.

Direkt hinter der Bahnlinie wendet man sich nach rechts und kommt auf einem Feldweg zu dem auf der Höhe sichtbaren Baum und Feldkreuz. Nach 800 Metern geht es links den Hang hinauf zur

Straße Pflaumdorf-Algertshausen. Von der Höhe hat man einen schönen Blick über das *Pflaumdorfer Moos*.

Nun geht es jenseits der Straße wieder abwärts zur Straße nach Beuern. Dieser Straße folgt man durch den Wald, bis man zur Rodungsinsel von *Beuern* kommt. Hier kann man sofort nach links über die leicht geneigten Hänge zur Straße Beuern-Türkenfeld und weiter am Waldrand entlang zum *Gollenberg* wandern, von dessen Höhe man unten im Tal das malerische Kottgeisering erblickt.

Eine andere Möglichkeit ist, nach dem Wald vor Beuern sich nach rechts zu wenden und am Waldrand entlang an Burgholz vorbei auf den Gollenberg zuzuwandern. Vom Gollenberg geht man nicht den steilen Hang hinunter, sondern hält sich links, umrundet den Berg und wandert auf *Türkenfeld* zu. Wer noch Lust hat, schaut sich diesen hübschen Ort noch etwas genauer an. Besonders hervorzuheben ist der prächtige Rokokostuck in der Dorfkirche.

MVV: S 4 bis Geltendorf, Rückfahrt ab Türkenfeld

Kloster St. Ottilien: Das Kloster geht auf die Ottilienkapelle des ehemaligen Weilers Emming zurück, die ursprünglich gotisch, wie so viele andere Kirchen aber auch barockisiert wurde. Im Kloster ist heute ein völker- und naturkundliches Museum, der Eintritt ist frei

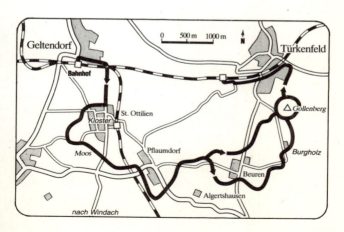

55

Rundwanderloipe Dachau

*Abwechslungsreicher Rundwanderkurs westlich von Dachau
über sanftgewelltes Feld- und Wiesengelände*

Ausgangspunkt:
Webling, westlich von Dachau
Weglänge: 10 km
Höhenunterschied:
10 bis 15 m
Karte: 1:50 000,
Blatt L 7734
Schwierigkeitsgrad:
leicht
Einkehrmöglichkeit:
Gründing, Dachau
MVV: S 2 bis Dachau,
Bus 704 oder DB 21
bis Webling oder
Breitenau

Geradezu ideal für den Skilanglauf ist das Gelände nördlich und westlich von Dachau.

Wanderer, die mit einer Karte umgehen können und genügend Orientierungssinn besitzen, können sich in dieser Gegend sehr gut seine eigene individuelle Loipe zusammenstellen. Etwas für Anfänger ist jedenfalls die gespurte Loipe westlich der Kreisstadt, die in *Webling* beginnt. Wer gerne friert, sollte beachten, daß bei Westwind die Wanderung recht kühl werden kann.

MVV-Benützer können die Wanderung auch in dem ein Kilometer entfernten *Breitenau* beginnen.

Die Spur läuft zunächst entlang der Bahnlinie in Richtung Schwabhausen.

Nach Überquerung des Sträßchens in Breitenau zieht die Spur weiter parallel der Bahnlinie nach Westen auf *Unter- und Oberbachern* zu. Kurz vor den Häusern kreuzt die Loipe die Straße nach Günding und wendet sich gleich darauf nach links.

Die Strecke geht nun Richtung Süden

bergauf, teilweise durch den Wald, teilweise am Wald entlang und fällt schließlich am Nordhang von Günding wieder ab.

Kurz vor *Günding* quert die Loipe die Straße, von hier geht es zurück nach Norden zum Wald hin. Am Waldrand biegt die Spur nach Osten ab, um über welliges Ackergelände und Wiesen zum Ausgangspunkt zurückzuführen.

Als Abschluß des Ausfluges bietet es sich an, noch etwas in der nahe gelegenen Kreisstadt *Dachau* zu bummeln.

Sehenswert ist der malerische Ortskern mit Häuserfronten aus dem 17. und 18. Jahrhundert. Ruhe findet man dann in der Pfarrkirche St. Jakob, die im Langhaus noch mehrere lebensgroße Figuren von 1625 besitzt. Sehr schön ist die Lage des Schlosses auf einem Hügel, von dessen Terrasse man weit über das Dachauer Moos, über die Landeshauptstadt hinweg bis zu den Alpen sehen kann. Wer nach der Wanderung etwas müde ist und kurz ausruhen will, kann ja noch eine Weile im Hofgarten verbringen.

Dachau:
Malerische Altstadt mit Häusern aus dem 17. und 18. Jahrhundert, Schloß mit Hofgarten, Pfarrkirche St. Jakob, Gedächtnisstätte des ehemaligen Konzentrationslagers Dachau

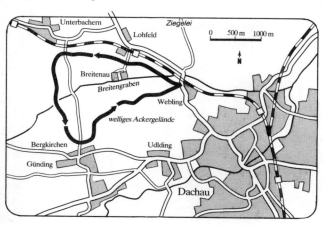

56

Von Röhrmoos zum Kloster Indersdorf

*Leichte, sehr reizvolle Skiwanderung auf Feldwegen.
Die Loipe ist nicht markiert*

Ausgangspunkt:
Bahnhof Röhrmoos,
nördlich von Dachau
Weglänge:
7 bis 8 km
Höhenunterschied:
15 bis 20 m
Karte: 1:50 000,
Blatt L 7734
(Dachau)
Schwierigkeitsgrad:
leicht

Die Skiwanderung von Röhrmoos zum Kloster Indersdorf ist etwas für Individualisten, die gerne ihre eigene Spur in den Schnee legen.

Vom *Bahnhof Röhrmoos* ist man durch die Unterführung schnell auf der Straße nach Großinzemoos und auch bald am Ortsausgang, wo bei einem auffallenden Wegkreuz, das an ein Ehepaar erinnert, die Loipe beginnt.

Die Skiwanderung führt auf einem breiten Feldweg mitten hinein in die Weite der Felder, die sanft ansteigen. Überraschend ist der Blick zurück nach Röhrmoos, dessen Kirche nur wenig aus der Häusermenge hervorragt.

Man ist geradezu froh, wenn sich nach etwa 2 km von rechts ein Waldstück naht, da die Weite der Landschaft schon etwas bedrückend sein kann. Weiter geht es nach Norden bis vor den Ort *Pasenbach,* wo man am Ortsrand nach links abbiegt.

Nachdem die Straße überschritten ist, führt ein Feldweg in Windungen auf den Wald zu, an dessen Rand man an *Daxberg* vorbeikommt, das oben am Hang zu sehen ist.

Die Strecke geht rechts daran vorbei, überquert die Straße nach Weichs und führt beim grünen Ortsschild auf die flachen Felder. Voraus sind schon eine Weile die spitzen Türme des *Klosters Indersdorf* zu sehen.

Der Weg fällt nun zu einer Baumreihe ab, überquert einen Graben und führt an dessen Rand entlang.

An der Baumreihe entlang gelangt man bald zum *Ortsteil Siechenhäuser*. Hier waren einst vor allem Leprakranke untergebracht, woran auch ein Stein am Straßenrand erinnert

Die großartige Klosterkirche Mariä Himmelfahrt stellt den Abschluß und Höhepunkt dieser Wanderung dar. Die sehr reich ausgestattete Kirche war ursprünglich gegen Ende des 12. Jahrhunderts als dreischiffige Basilika gebaut worden. Erhalten ist aus dieser Zeit bei der inzwischen stark barockisierten Kirche lediglich das Westportal.

Einkehrmöglichkeit:
Markt Indersdorf (Klosterbräu, Gasthof Fink)
MVV: S 2 bis Röhrmoos, Rückfahrt mit DB 21 bis Dachau
Markt Indersdorf:
Ehemaliges Augustinerkloster mit reich ausgestatteter barocker Klosterkirche

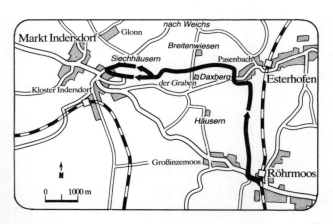

Register

Allacher Forst 18
Altenerding 44, 45
Altenloher Filzen 74
Anzing 46, 47
Aubinger Lohe 30, 32
Aying 51, 54, 56, 63

Bad Tölz 72, 73, 74, 76
Benediktbeuren 116, 118
Bernried 111, 112, 114
Bichl 116
Bockhorn 45
Brandenberg 126
Breitenau 130
Buchendorf 92, 96, 105

Dachau 130, 131
Deihninger Weiher 65
Deisenhofen 64
Deixlfurter Seen 110
Dietramszell 76, 78, 84

Ebersberg 49
Egling 83, 84
Ellbach-Moor 72
Englischer Garten 20
Erding 44

Fasaneriesee 19
Feldafing 108
Forstenrieder Park 28, 29, 92
Forsthaus Kasten 92, 96, 103
Freising 43
Freisinger Forst 38
Fürholzen 34

Gaißach-Mühle 74
Garatshausen 109
Gauting 93, 94, 97
Geißentalweiher 64
Geltendorf 128
Geretsried 88
Gleissental 64
Glonn 50
Golfplatz Feldafing 108
Golfplatz Thalkirchen 27
Gollenberg 129
Grafing 48, 49
Grafrath 122, 123, 124, 125
Großhartpenning 66, 69, 70

Harmating 78
Hartpenning 66, 69, 70
Hetzenhausen 35, 36
Hochfilzen 74
Hofoldinger Forst 58
Hohenschäftlarn 86, 91
Holzkirchen 66, 67, 68, 70
Humbach 76, 78

Icking 86, 90
Indorfer Berg 44
Isarauen Süd 26

Jesuitenholz 52

Kaps 51, 54, 55, 56
Kirchseemoor 72
Kleinhartpenning 66, 68, 71
Kleinhelfendorf 51, 55, 56, 63
Kloster Indersdorf 132
Kloster Reutberg 72
Kloster St. Ottilien 128
Krailling 94
Kreuzlinger Forst 94
Kreuzstraße 58

Lenggries 74
Leutstetten 98, 105
Lochhamer Schlag 30

Markt Indersdorf 133
Massenhausen 35, 37
Moorenweis 124, 126
Moosach 52, 53
Moosacher Holz 52
Moosham 83, 84

Neufahrn (Anzing) 46
Neufahrn (Freisinger Moos) 34, 36
Neufahrn (Schäftlarn) 86
Neufahrner Berg 46
Nymphenburger Park 33

Ostpark 23

Pasinger Park 30, 31
Perlacher Forst 25
Pfisterberg 117, 118
Planegg 94
Poing 47
Pulling 36

Regattasee 17, 19
Röhrmoos 132
Roseninsel 109

Schallkofen 83, 84
Schlacht 52, 53
Schloß Harmating 78
Schloß Planegg 95
Schwaige 98, 104
Seeshaupt 112
Söcking 106
St. Ottilien 128
Starnberg 106, 107
Steinhöring 48, 49
Stockdorf 92
Südpark 29

Tegernseer Holz 52
Thalkirchen 27
Thanning 83, 84
Thierkopf 98, 103, 105
Tranzlberg 52
Truderinger Wald 24
Türkenfeld 122, 124, 126, 129
Tutzing 110, 111, 115

Wackersberger Höhe 74
Warngau 71
Wolfratshausen 89, 91
Würm 98

Ski-Wanderführer

Die lieferbaren Bände:
- Allgäu und Kleines Walsertal
- Oberbayern
- Schwäbische Alb
- Südschwarzwald
- Nordschwarzwald
- Harz
- Bayer. Wald/ Oberpfälzer Wald
- Fichtelgebirge/ Frankenwald
- Sauerland
- Loipenführer München

Jeder Band enthält die schönsten Rundwanderungen auf Loipen und Skiwanderwegen – jeweils mit Wegeskizze, Angabe der Weglänge, Steigungen und einer Einführung über das Skiwandern.